地域をまわって考えたこと

小熊英二

東京書籍

地域をまわって考えたこと

地域をまわって考えたこと●目次

序論　地域を知るための視点

本書のもとになったのは、移住希望者むけの雑誌『TURNS』（第一プログレス）での連載である。

私は二〇一一年の東日本大震災後に、被災者や研究者らと研究会を行い、三陸地方の復興政策について論文を書いた経緯があった。[1] また二〇一四年には、『信濃毎日新聞』で各地の地域活動を取材して連載記事を書いていた。[2]『TURNS』の連載は、編集部がこの記事をみたうえでの依頼だった。

私は三陸の復興や各地の地域活動を書いたときに、現地を訪れて調査することの重要性を感じていた。そのため地方で講演したりするときは、できるだけ現地の方に地域を案内してくれるよう頼むようにしていた。

たとえば二〇一六年八月に高知市で講演した際には、現地をよく知る新聞記者の案内で、いくつかの山村や製材所などを訪ねた。ここは「限界集落」という言葉の発祥地であり、かつて林業で栄えていた地域の現状をみることができた。

そうした経験があったので、連載を機会に、日本の地域をまわりたいと考えた。それによって、一つの地域にとどまらない、日本の地域一般がおかれている状況を構造的に理解したいと考えたのである。

編集実務を担当してくれた株式会社デコの方々は、『TURNS』で地方移住者を紹介する記事を掲載していたため、どの地域にどんな移住者がいて、どのように活動しているか知識があった。これは私にとっては、願ってもないことだった。私は移住者を訪ねながら、その地域と移住者の特性を把握しようと考えた。

そして実現したのが、本書に収録された連載である。以下では、こうした調査にあたり、どのような観点をとったか説明したい。

市区町村は「地域」ではない

まず、いちばん基本的なことを述べよう。市区町村は行政の単位であって、地域の単位ではない。この二つを混同すると、事態を見誤りやすい。

たとえば近年、「○○県××市が集中豪雨の被害にあった」といった報道をされることがある。しかし調べてみると、被害にあったのは広域合併された周辺の山村地帯であることが多く、市庁舎のある中心街は被害がない、といったケースが少なくない。こういう場合に、災害をうけた地域社会を論じるのに、「○○県」や「××市」といった枠組みはあまり役に立たない。

日本のすべての地域は、どこかの市区町村に所属している。そして市区町村とは、日本全国をくまなくカバーしている、市役所や村役場などの管轄範囲のことである。「○○県」や「××市」という言葉は、県行政や市行政の問題を論じるときには有効だが、それは地域社会の範囲とは必ずしも一致しない。

市区町村のなかには、複数の地域があるのが通例だ。たとえば宮城県石巻市は、二〇〇五年の「平成の大合併」によって、旧石巻市が六つの町を合併するかたちで現在の石巻市になっている。港町として栄えた旧石巻市、小さな漁村が多い旧牡鹿町《おしかちょう》、硯石《すずりいし》の産地として知られた旧雄勝町《おがつちょう》、農村地帯が広がる旧北上町、新興の郊外住宅地ができている旧蛇田村《へびたむら》地区などは、それぞれ別の歴史と産業構造を持っている。

また静岡県熱海市は、温泉で有名な中心街のほかに、泉地区、伊豆山地区、多賀地区、網代地区、初島地区を含んでいる。これらの地区は、もともと熱海村とは別の漁村や山村だったところで、明治以降に熱海村の行政管轄に統合された地域である。

群馬県南牧村《なんもくむら》は、二〇一九年四月末日現在の人口は一八四〇人だ。しかしここも、一九五五年の「昭和の大合併」で磐戸村《いわどむら》・月形村《つきがたむら》・尾沢村の三つが合併してできた村である。それを反映して、南牧村には三つの小学校があった（現在は二校が閉校）。

また南牧村は、一二の地区の集まりである。つまり合併前の三つの村も、いくつかの地区を束ねたものだった。

地区はさらに、いくつかの集落にわかれる。一つの集落はたいてい数十戸から数百戸で、集落ごとに自治会を持っている。東京都檜原村《ひのはらむら》は、二〇一九年四月末日時点で人口二一八九人だが、二六の自治会がある。それぞれの世帯数は、少ない自治会で五世帯、多い自治会で八七世帯だ。(3)

集落の内部は、互いに親戚だったり分家だったりすることもあり、一つの集落が同じ名字を共有していることもある。俗に「村の選挙は親戚の数で決まる」などともいわれ、こうした集落単位で票のとりまとめが行われることも多かった。

歴史的にいえば、明治二一年(一八八八年)の「明治の大合併」までは、日本には七万一三一四の町村があった。明治二一年に、これを三九市一万五八二〇町村と約五分の一に統合したのだが、このときは、最小の行政単位を三〇〇戸から五〇〇戸とすることが標準とされた。近代的な行政事務を担わせるには、集落では単位が小さすぎ、複数の集落を束ねて村を作ったのである。

その後も、市町村数の減少と広域化が進んだ。一九五三年以降の「昭和の大合併」では、八〇〇〇人が最低の標準単位とされ、一九六一年までに五五六市一九三五町九八一村まで減少した。総務省は、「約八〇〇〇人という数字は、新制中学校一校を効率的に設置管理していくために必要と考えられた人口」だとしている。(4)

さらに二〇〇五年の「平成の大合併」を経て、二〇一九年五月一〇日現在では市町村の数は一七二四に減っている。明治初期の四〇分の一にも満たない。当然ながら、一つの「村」や

「町」には、数十の集落が束ねられている。というよりも、一つの「村役場」や「町役場」が、数十の集落を統括していると理解したほうが正確だろう。

これは都市部でも同様である。東京都の二三区内でも多くの自治会があり、その範囲は区と一致してはいない。板橋区高島平団地には、高島平二丁目・三丁目などの自治会があるが、板橋区の行政ははるかに広い範囲を管轄している。

行政圏と経済圏

もう一つ、市区町村と地域社会が一致しない理由がある。それは、市区町村は行政の範囲であって、経済の範囲ではないことだ。

たとえば東京都檜原村は、かつては林業や炭焼きが経済の中心だった。しかし高度成長期以後は、隣接市町の工場やオフィスへ働きに出る人が多くなった。自動車の普及がこれを後押ししたことは言うまでもない。また村には高校がなく、高度成長期の進学率上昇にともなって村を離れる若者も増えた。

現在では、檜原村に住んではいても、隣接のあきる野市や、もっと東まで通勤している人が少なくない。また週末に、あきる野市のショッピングモールに自動車で買い物に行く人も多い。さらに人口配置も、あきる野市に隣接している東側に人口が多く、山梨県境に近い西側は少ない。

これは南牧村も同様だ。村に買い物できる店が少ないため、隣接の下仁田町《しもにたまち》に自動車で買い物に行く人が多い。下仁田町に近い集落に人口が多く、群馬県境の山間地域は人口が減っている。

つまり檜原村や南牧村の経済や住民行動は、「あきる野市経済圏」や「下仁田町経済圏」として考えたほうが理解しやすい側面がある。それと檜原村や南牧村という行政単位は、必ずしも一致していないのだ。

これは他の地域でも同様だ。熱海市の泉地区は、むしろ神奈川県湯河原町と縁が深い。石巻市の蛇田地区は、仙台への通勤圏であって、仙台圏の一部と考えたほうがわかりやすい側面がある。千葉県や埼玉県にも、住民の行動としては東京圏の一部であるが、行政単位としては東京都ではない地域は多い。

考えてみるならば、どの地域においても、人々はその市区町村の内部だけで経済や生活を営んでいるわけではない。行政の単位である市区町村と、経済や生活の範囲が重ならないのは、むしろ通常のことだといってよい。

ただし、地域の外で買い物する人が増えると、地域のなかでお金が循環せず、地域内ではさらに店や職場が減りやすい。そうした意味で、市区町村を単位に地域活性化を考えるのであれば、経済や生活の範囲があまりにも市区町村と乖離するのは問題である。

また行政や政治の単位である市区町村と、生活や経済の範囲があまりに乖離するのも、問題がおきやすい。行政の施策が住民生活とあわなくなったり、住民から政治が遠くなり無関心に陥ったりしやすいからだ。

地形と集合意識

こうしたなかで、経済と行政の範囲が一致している度合いが高かったのが、福井県鯖江《さばえ》市だった。ここはメガネ製造をはじめとした地場産業が盛んで、市の中心部には高校やショッピングセンターなどもある。つまり、市の域内で経済が循環しやすいのだ。

これには、地場産業の有無も影響している。だが鯖江市を訪れて印象に残ったのは、むしろその地形だった。

ここは山に囲まれた盆地で、自動車で十数分も走れば横断できてしまう。市庁舎が隣接する西山公園に立てば、市全体を見晴らすことができる。こうした地域は、その内部にまとまりができやすい。

かつてアリストテレスは、『政治学』において、国家（ポリス）の国土は一望で見晴らせる程度、住民はお互いに誰がどのような人間か知ることができる程度がよいと述べた（第七巻第四章・第五章）。そしてアテネの民会は、アテネ全体を見渡せる位置にあるアクロポリスの丘にある神殿のもとで行われていた。

鯖江市の住民は七万人に近く、お互いが何者かを知り合うには少し多い。しかし地形は、アリストテレスの条件にあてはまる。

アリストテレスの時代に考えられていた国家（ポリス）は、現在われわれが考える国家（ステイト）とは異なる。ポリスは「公共なるもの」といった意味合いで、一つの政治体としてのまとまり意識、ないし集合意識と考えるほうがわかりやすい。こうした集合意識は、あまり大きすぎる国家では成立しにくい。

このような集合意識の有無は、政治参加の度合いに直結する。単に一つの行政組織に管轄されているだけの住民は、統治機構としての国家（ステイト）の所属員ではあっても、政治体としての国家（ポリス）の意識を持たない。

こうした条件のもと、鯖江市長も直接民主主義をうたっていた。二〇〇五年の「平成の大合併」をめぐっては、二〇〇三年に前市長が福井市との合併構想を発表したあと、二年のうちに署名提出四回、住民投票三回、選挙四回を経て、合併はなくなった。私が訪問したとき、市長は「それだけ活力のある地域だということです」と述べていたが、これは地域の集合意識が強く、地域の未来への関心が高いということだろう。

じつは今回の企画で訪問した地域は、石巻市をのぞけば、いずれも平成期には合併をしていない自治体である。しかしそれでも、市の中心に立てば全体が見渡せるような自治体は、鯖江市だけだった。

たとえば熱海市は、山を隔てた漁村などを集めて構成されており、中心街の市庁舎から他の地区を一望することはできない。山で集落が隔てられている檜原村なども同様である。そのような意味では、地形は地域を訪れた際に、重要な調査ポイントである。

神社と寺

集合意識と関連しているのは、神社とお祭りである。日本では多くの場合、集落ごとに神社があり、そこで祭りが行われる。その祭りがどの程度盛んであるかは、その集落の住民の参加意識、つまりは集合意識の程度と関係する。

前述のように、古代ギリシャの民会は、全体を見渡せる丘の上にある神殿のもとで行われた。ヨーロッパの古い町も、市の中心に広場があり、その広場に面して市庁舎・教会・商工会議所の建物が建っている。つまり政治・宗教・経済の中心部が、広場を囲んで集まっているのだ。市の祭りがその広場で開かれるのはもちろん、住民の抗議活動も広場で行われたりする。

反面、日本の市区町村には、こうした中心地がないところが多い。市庁舎や市議会があるところと、神社が建っているところ、商店街や経済的中心地などが、別々である市区町村は少なくない。これは明治以降の日本が、地域社会の構造とは関係なく行政機構としての市区町村を作ってきたことの反映だろう。

このことは、東京をはじめとした大都市も同様である。東京の中心がどこかと問われて、即答のできる人は少ないだろう。政治の中心、経済界の中心、繁華街、皇居などが、それぞれ無関係に点在しているからだ。それを反映して、東京の集合意識といったものは形成されにくい。

日本の場合、集合意識の範囲の指標の一つは、お祭りが開かれる神社と、小学校の校区である。明治期に小学校が設立された際には、明治政府に予算がなく、地元社会の寄付で建てられることが多かった。寄付が集まる範囲は、仲間意識のある範囲と深い関係があり、それはしばしば一つの神社の氏子の範囲と関係していた。

現在でも選挙などは、地元の小学校・中学校の同窓生ネットワークや、神社の氏子ネットワークが駆使されることが多い。そしてたとえば前述したように、南牧村は三つの旧村のそれぞれに小学校が建っていた。現在の市区町村は、抱え込んだ地区の数程度には、複数の神社を抱え込んでいる。

逆にいえば、小学校が廃校になり、神社がさびれることは、その地域社会の衰退の反映である。だからといって、補助金を投入して学校や神社を整備すれば地域が活性化する、というわけではない。学校や神社の活気は、地域社会の活気の鏡にすぎない。補助金などなくとも、地域住民から寄付が集まって神社が勝手に整備されていくような状況でなくてはならないのだ。

地域を理解するには、学校の統廃合の有無、神社や寺の様子などが、一つの注目ポイントになる。寺や神社の大規模な改修が行われた時期などと、その地域の経済が最盛期だった時期が重なったりすることも多い。

地域における宗教のあり方、寺社の社会的位置なども重要だ。なお鯖江市は、浄土真宗の盛んな地域でもある。南牧村の現村長は、もともと村役場の総務課長だったと同時に、村の寺院の住職でもある。

なお板橋区高島平には、独自の宗教施設や墓地がない。もともと団地として設計されたところだから、独自の行政機構や産業などはないが、買い物ができる店、会合が開ける集会所、団地の中心になる広場などはそろっている。人口構成が若かった時期には、広場でさまざまな集会が開かれた。だが寺と墓地がないことは、人生の初めから終末までを、その地域で完結できないことを意味する。政治学や経済学で根拠づけることはできないが、こうしたことは、地域社会を考えるうえで重要ではないかと思っている。

人について

調査にあたっては、市町村行政に携わる方々や、移住者にインタビューした。そうした際には、その人をトータルに理解できるように努めた。

通常、社会調査では、人を把握する際に押さえるべきポイントが決まっている。年齢、出身地、最終学歴、職歴、所得、地位といったものだ。これらは、調査対象の人物の基本データであり、相互比較が可能な項目であるため、大規模な統計処理にも適している。

また調査によっては、対象となる人の家庭環境に注目することもある。たとえば、両親の職業および最終学歴、きょうだいの構成とその現職、生育時の地域の治安や経済の状況などだ。これらは質的なデータになってくるので、統計処理などには適しにくくなるが、とくに教育学や福祉関係の調査ではこうした項目を重視する傾向がある。もちろんこういったことは、正面から質問として聞くのもはばかられることが多いので、それとなく聞いていくといったやり方もとられる。

私も、こうした定石というべき調査項目の重要性はよく理解できる。とはいえ、調査目的がその人を理解することよりも、地域社会を理解することにあるのならば、また違った調査項目があってしかるべきだ。

私が移住者によく聞いた質問は、「朝から夜まで何をしていますか。典型的な一日を話してください」といったものだった。そうすると相手は、「朝は六時半に起きて、朝食を食べて……」と話し出す。その際に、あまり相手の話をじゃましないようにしながら、「朝食の献立は？　食材はどこで手に入れましたか？」とか、「住居はどんなところですか？」と聞いていく。

そこで「庭で作った野菜と、週末にショッピングモールで買い置きしたワカメと、近所のおばさんにおすそ分けしてもらった漬物と……」とか「空き家だったところを村役場の紹介で借りて、集落の人に挨拶して……」といった話が続く。こうしていくと、その人の行動パターン、地域の経済関係、行政のかかわり、集落の活力の度合いなどがわかってくる。そこから質問を広げていけば、地域社会を理解するうえでの端緒がつかめる。

こういう質問の目的は、その人の一日を知ることではなく、その人を結節点として広がっている、地域社会の関係の網の目を探り出すことだ。このアプローチは、人を個人として考えるのではなく、社会関係の結節点として考えるアプローチである。

当然ながら、こういうインタビューをするときは、その人の職場なり、生活の場なりで話を聞いたほうがよい。建物の様子、集落のどこに立地しているか、置かれている物品や道具の年式や種類、さらには自転車や自動車、事務用品やカレンダー、ポスターやチラシや注文票、電話の応対のしかた、職場の人々との挨拶の交わし方など、さまざまな情報が得られる。必要ならば、建物や物品から質問を広げていくこともできる。

これは、その人の経歴を聞く場合でも同様だ。過去にどこでどんな仕事をし、どんな契機やどんな経過を経て移住し、現在に至っているかは、その人がもといた場所の「ある社会関係」から移行し、移住先で「別の社会関係」を構築していく過程である。とくに移住先で、当初は何にとまどったか、何を契機になじんでいくことができたかなどを聞くことは、古くからの住民には気づかない地域社会の特性を教えてくれる情報となる。

こうしたことは、文章で書くとおおげさだ。とはいえ、営業や教育や編集や人事や管理など、人間にかかわる仕事をしている人は無意識にやっていることだと思う。

地域を訪れるとき

調査する地域を訪れる際には、だいたい以下のような経過をたどった。

まず調査先は、編集実務にあたった株式会社デコの担当者と相談して決めた。前述のように、彼らはこれまでの編集実務で、移住者とその受入れ先の自治体にネットワークを持っていた。

調査先を決めると、担当編集者から送ってもらった移住者のリストから、その人々の活動を下調べする。こんにちでは、みなウェブサイトやフェイスブックなどを活用しているので、そこからある程度の下調べはできた。

あわせて、その地域の歴史、産業構造、人口構成などの基本データを調べておく。自治体のホームページに多くの情報が載っていることもあれば、以前にそれらの自治体を訪ねて取材したウェブ記事から教えられることも多かった。

現地に到着したら、現地の自治体職員か、現地に詳しい人に、自動車で案内してもらう。それによって、地域の地理的特性、集落の配置、神社や学校の位置などを把握する。可能であれば、自動車を降りて、集落の建物の古さや、寺院の改修年代などを確認する。

できれば、地域の風景は、過去の写真と照合したほうがよい。数十年前の風景が、現在と同じとはかぎらない。

たとえば、現在の群馬県南牧村は山林に囲まれた山村だ。しかし一九五〇年代の写真だと、山にほとんど木々がなく、どの山の斜面も開墾されて段々畑になっていた。こんにゃく栽培がすたれ、地域の人口が減るのに並行して、山々が樹木におおわれていったのだ。ある移住者も、「最初は自然の多い山村だと思っていたが、これは最近になってそうなった風景だとあとから気づいた」と言っていた。こうした事例は、じつは日本の山村には少なくないようだ。

移住した方々、自治体の方々などには、お時間をいただいて話を聞いた。おおむね、一つの地域ごとに五〜七名ほどの移住者に経歴と現在の活動を聞き、自治体からは現在の課題などをうかがった。

写真は、同行のカメラマンか、編集部の依頼をうけた現地のカメラマンが撮影してくれた。彼らは自動車運転手を兼ね、私の「ここの集落を見たいから、止まって降ろしてください」といった注文をよく聞きいれてくださった。

インタビューの際は録音をとり、質問しながらノートパソコンでメモをとった。一人あたりのメモは、四千字から五千字だった。これが一地域あたり五〜一〇名分ほどあったのだが、連載は一回約五千字という制約があった。そのため多くの方には貴重なお話をうかがいながら、そのすべてを原稿にもりこむことはできなかった。

原稿はインタビューした方々にお見せし、チェックを経た。今回の単行本化にあたって、手元のメモをもとにもっと加筆することも考えたが、調査時点でのスケッチという側面もあるので、あえてそのままとした。そのため、新たに付した地図のページ以外は、お会いした方々のプロフィールなどをはじめ、当時のものであることをご了解いただきたい（一部、本書において追加したものについては、二〇一九年五月現在のもの）。

以下の「地域をまわって」で紹介している各地域について読む際に、これまで述べた諸点を意識していただけると、よりよく内容が理解できるだろう。その土地の歴史、地理的特性、自治体の構成、移住者の社会関係の移行過程などが、毎回の文章のなかで言及されているのがわかるはずだ。

じつはこの連載は、もっと多くの地域を訪ね、長く続く予定だった。ところが『ＴＵＲＮＳ』の版元の方針変更で、切り上げざるをえなかった。とはいえ、凝縮したかたちで多くの材料をもりこむことができたので、これでも日本の地域の状況と、移住者のあり方の一端を伝えることができると思う。

なお高島平団地については、『ＴＵＲＮＳ』の連載終了後、株式会社デコの方々の発案と協力で、この単行本のためにあらためて訪れ、序論・結論とともに、新たに書きおろした。デコで担当していただいた篠宮奈々子、相澤良晃、古谷玲子の皆さんには、並々ならぬお世話になったことを、記して感謝したい。

註

1 "Nobody Dies in a Ghost Town: Path Dependence in Japan's 3.11 Disaster and Reconstruction," The Asia-Pacific Journal Vol. 11, Issue 44, No 1; November 4, 2013. 小熊英二「ゴーストタウンから死者は出ない」（小熊英二・赤坂憲雄編著『ゴーストタウンから死者は出ない』人文書院、二〇一五年所収）。

2 この連載は、小熊英二『私たちはどこへ行こうとしているのか』（毎日新聞社、二〇一六年）に収録した。

3 檜原村「自治会別人口と世帯数」二〇一九年一月二一日。http://www.vill.hinohara.tokyo.jp/0000000156.html 二〇一九年二月一八日アクセス。

4 総務省「市町村数の変遷と明治・昭和の大合併の特徴」http://www.soumu.go.jp/gapei/gapei2.html 二〇一九年二月一八日アクセス。

地域をまわって

01

福井県鯖江市

中小企業の集積地として知られ、「日本のシリコンバレー」との異名もある鯖江市。大企業が見あたらないのに、人口は増加傾向だ。広域合併を拒み、中心に立てば市内が見渡せるコンパクトな自治体としてのありようを保っている。

この地域のそうした状態は、どのように成り立っているのか。そこで移住者は、市長は、経済人は、何を考え、どう活動してきたのか。そこから探れる現代日本へのヒントには、どんなものがあるのか。そうしたことを考えながら、この地を訪れた。

二〇一七年五月一六日・一七日取材

鯖江市MAP

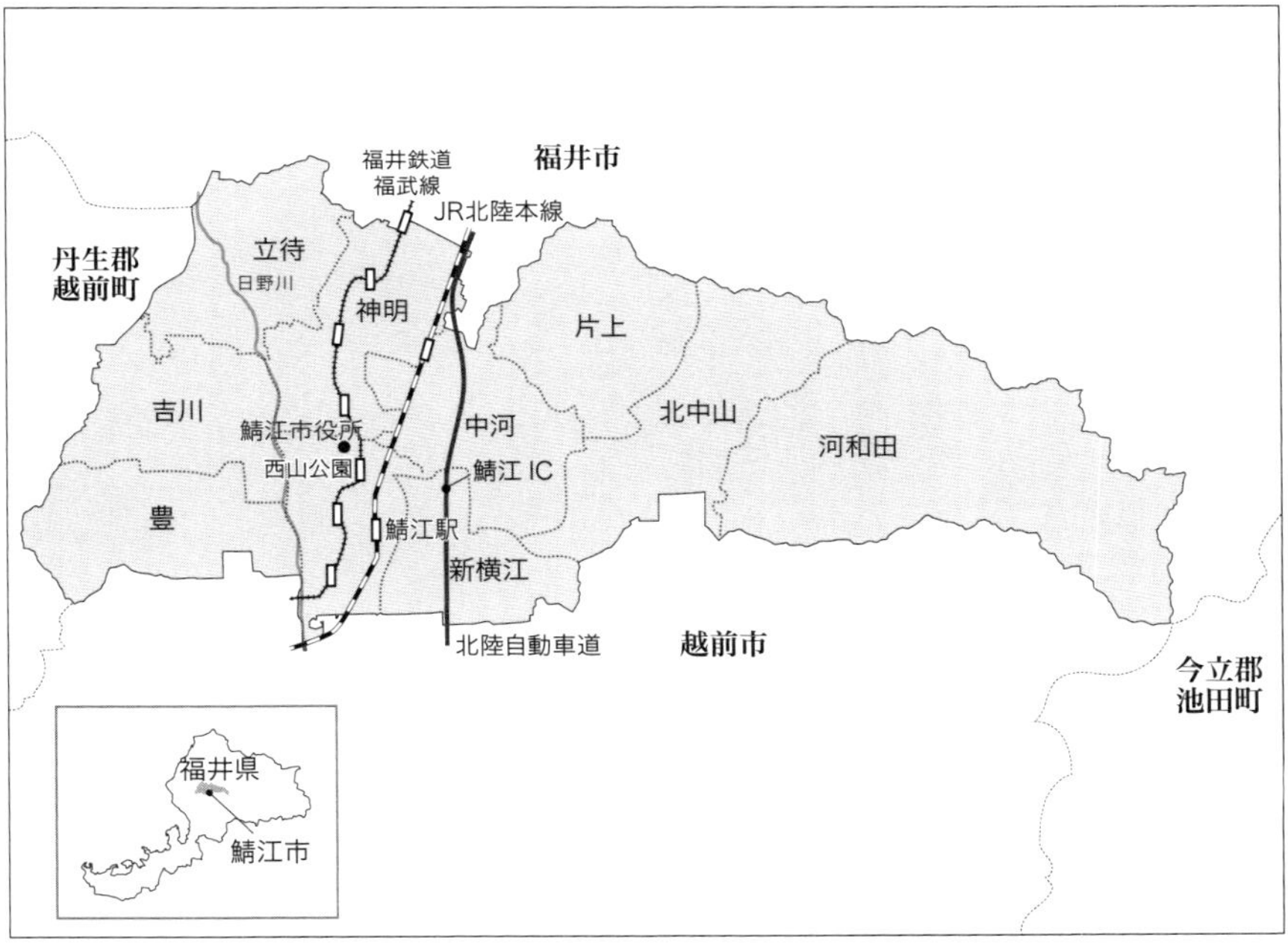

鯖江市の概要

総面積84.59㎢。人口69,375人、世帯数24,508世帯（2019年5月1日現在）。福井県の中央に位置し、地域の多くが平坦地である。国内シェア90%を超えるメガネフレームをはじめ、新素材開発を中心とした工業で栄えてきた。

参考資料：鯖江市ホームページ　https://www.city.sabae.fukui.jp/

八〇〇を超える町工場が新しい風を育む

福井県鯖江《さばえ》市。日本のメガネフレームの九割を供給し、都市からのUターンやIターンで人口が増加している。そこがどんな土地なのか、どんな人が住んでいるのか。実際に訪れてみた。

最初に思ったのは「ダークスーツ姿が目につかない」ことだ。また製造業は多いが、大規模な工場がなく、有名企業の看板も目立たない。市の北西部に電子機器の工業団地があるが、企業城下町などに比べればささやかなものだ。

スーツ姿と大工場。つまり「会社員と製造業」、いわば「働くニッポン」の象徴だ。「日本人」といえばスーツ姿のビジネスマン、「日本」といえばハイテク工場というイメージは海外で根強い。

これは外国ばかりではない。日本の人々自身も、スーツ姿の会社員になるか、大工場で働くことをめざす。だから多くの地方も、大手企業の誘致に懸命だ。昭和の時代に作られたこのステレオタイプは、いまだ強固なのだ。

だが鯖江には、スーツ姿も大工場も目立たない。だが人口は増えている。それはなぜだろうか。

じつは鯖江には、中小の製造業者がひしめいている。その数は、メガネが約五〇〇、繊維が約一〇〇、漆器が約二〇〇。その大部分は中小規模で、田園風景のなかにとけ込んでいる。外見は日本家屋でありながら、中はリノベーションしてある例も少なくない。

この「中小企業の集積」という形態に、鯖江の特徴がある。二〇〇四年から市長を務めてきた牧野百男《ひゃくお》氏によると、鯖江は「福井県で社長の数が一番」だ。これら中小企業が、協力と競争で「内在的イノベーション」を創りだしているという。中小企業の集積で革新的な気風を生み出していることから、「日本のシリコンバレー」という異名もあるそうだ。

革新的気風の一例は、メガネのリーダー企業であるシャルマン。早くも一九八〇年から海外輸出、九〇年代から海外製造を開始し、鯖江工場では形状記憶合金や新素材による高級メガネフレームに特化。最近では素材技術を活かして医療機器製造に進出した。工場の様子は、CADを使った二四時間稼働の新設備と、地元密着型の町工場の雰囲気が両立していた。

とはいえ、こうした気風にも歴史がある。鯖江は盆地で、大きな平野も、大きな川もない。もともと貧しい地域で出稼ぎも多く、冬の農閑期に内職として始まったのが漆器と繊維の製造だった。高度成長期に盛んになったメガネフレーム製造も、その延長である。

しかし牧野氏によれば、「作るのは長《た》けていたが、売るのはダメだった」。鯖江の中小企業は、製品を作る技術はあったが、売るのは大手の問屋に卸すだけだったのだ。

「高品質のモノを作っても、メガネはレイバン、繊維はワコール、漆器は輪島といった名前で売られていた。卸値は売値の一割とかだった」

それでも昔は、メガネフレームの注文が万単位できた。だが二一世紀になると、百単位の多品種少量受注が多くなり、海外製品との安売り競争に巻込まれた。ニッポン製造業の典型的苦境である。

この面でも革新に取り組んでいたのが、シャルマンだった。大学で経済学を学び、鯖江にUターンする前は商社に勤めていた会長の堀川馨氏は、六〇年代から自社ブランド販売を開始。フランス語で「魅力的な」を意味する「シャルマン」をブランド名にした。

自社ブランドで直販すれば製造側の取分は増える。問屋の批判をはねのけ、「メーカー直販だから顧客の要求をすぐフィードバックできる」ことを売りに販路を拡大した。前述した海外展開や技術開発は、そんな革新志向の延長だ。

とはいえ、こうした事例はまだ多数派ではない。合同会社ツギの代表で、京都の大学を卒業後にIターンした新山直広氏はいう。

「鯖江に来て驚いた。モノづくりは優秀なのにデザインが重視されず、自社ブランド化していない。黙々と作ってお店や問屋に卸すだけ。国宝級の腕の漆器職人が、中国なみの労賃で作っていたりする。『ありえない』と思った」

新山氏と鯖江の縁は、二〇〇四年の福井集中豪雨による水害後、大学が災害支援の一環として鯖江で行っていたアートキャンプに参加したことだった。大学で建築を学んだ新山氏はリーマンショックと卒業が重なった世代。建築界は不況だったし、「深夜労働もイケイケのマッチョな労働環境で、月給八万とかの建築事務所に勤務するのがいやだった」という。

そんな新山氏は、「建物を作れなくても、人のアクティヴィティを作れれば」と考えて鯖江に移住。八年を経ていまは四人で合同会社を運営している。地元の漆器に、デザインと販売方法の知恵で付加価値をつけるのが役割だ。

新山氏の移住も、初めから順風だったわけではない。最初の数年は「とにかく地域にとけ込むようにした。お祭りになったら率先して脚立を担ぐとか（笑）。それでもなお、『自分の意見を言うようになったら『生意気だ』といった声が出た」という。

だが自分自身の声を出すと「本気で応援してくれる人も増えた」。そういう人は小企業オーナーやベテラン職人などさまざまだったが、共通点は「持続できる地域にしたい」という思いだったという。

住民が衆知を集めて地域課題と向き合う

じつは鯖江は、「平成の大合併」を拒んだ数少ない自治体の一つだ。住民には、地域の持続性へのこだわりが強い。

それでも、「鯖江市」が消える可能性はあった。一九九五年に世界体操選手権を誘致し、練習会場や周辺施設整備などで市債が約三〇〇億円に急増。二〇〇三年には前市長が福井市との合

1

1. 福井県のほぼ中央に位置する鯖江市は、東西約19.2キロ、南北約8.3キロ、大部分を平坦地が占める。

2. 市庁舎内で牧野百男市長の話を聞く。氏は2004年から市長四期目。3.「身近な市長」として住民から慕われてきた牧野氏と庁舎前で。

併構想を発表した。また二〇〇四年には前述した福井豪雨の水害にみまわれた。
だが合併構想発表後の二年間に、署名の提出四回、住民投票三回、選挙四回を経て、牧野氏が市長に当選。鯖江市の存続が決まった。「それだけ住民の活力がある土地なんです」と牧野氏は言う。

合併の対立が残ったまま市長になった牧野氏は、「融和と協同」をスローガンとし、情報公開と住民参加を進めた。二〇一〇年には市民の委員たちが一か月ほどで作成した「市民主役条例」を制定し、行政データもオープンにした。

「そうしたらIT企業が十数社やってきて、いろいろ提案してくれた。情報公開の国際認証も取得し、〝データシティ鯖江〟を掲げている。しかし、産業誘致になると思って提案したのではない。直接民主主義こそが民主主義の原点だという思いがあったからです」

「市民参加事業を一〇〇件ほど提案し、いまは四〇件ほど市民が担っている。ブランド化やイベントは市民のほうがアイデアが豊富だし、コストもかかりません」

数ある試みのなかには、女子高生視点の街づくりを掲げた「JK課」のように、マスコミで話題になったものもある。とはいえこれも牧野氏によると、「それまで〝高校生地域参加〟と呼んでいたのを名前を変えたら、いきなり注目されただけ」という。

「最初は『行政の下請けを市民にやらせるのか』という批判もあった。しかし若者の参加が増えれば大人も変わり、社会も変わる。行政がやっていたことを市民がやったことで、市の負債も相当に圧縮できた。これからの時代は、行政がすべてやってくれると思っていたらだめですよ」

牧野氏は「民間がやったほうが質がよくなり、創意工夫が出てくる」という。だがこれは「企業におまかせ」という意味ではない。住民全員が知恵を出し合い、参加するという意味なのだ。

こうした住民参加と創意工夫の気風が、「社長の数が一番」という中小企業の群生と関係している。新山氏は、自分の活動が受入れられたことについてこう述べた。

「大企業中心で、そこに頼っていれば住民は町の持続性なんか考えなくていい、という地域ではむずかしかったかもしれない」

鯖江は地形的にも、そうした気風が育ちやすい。前述のように鯖江は盆地で、大きな平野も川もない。歴史的にいえば、大きな平野や川、港などがある地域は、大地主や大商人が発生し、富と権力が集中することになりがちだ。

だが鯖江では、よく言えば皆が社長。悪く言えば、皆が努力して協力しないと生きていけない。勤勉と相互扶助の気風が強く、浄土真宗の盛んな土地だ。直接民主主義と精密機器製造で知られるスイスも、もとは貧しい山国だった。

別の角度から言えば、「寄らば大樹のかげ」という発想が育ちにくい土地だ。大企業が見当らず、合併もせず、住民参加が盛んというあり方は、それと関係しているのかもしれない。

そうした雰囲気を維持する役を担ったのが、自ら「軽トラックのおじさんでありたい」と自

4.「シャルマン」の工場でスタッフの方々と。左から３人目は創業社長で会長の堀川馨氏。

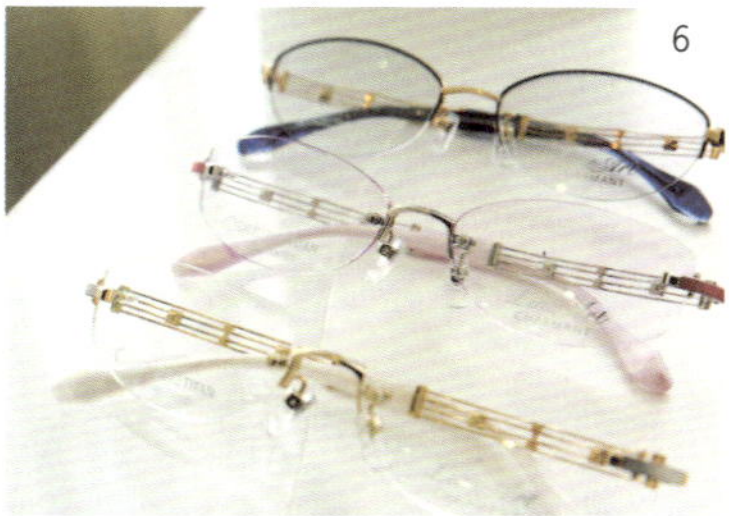

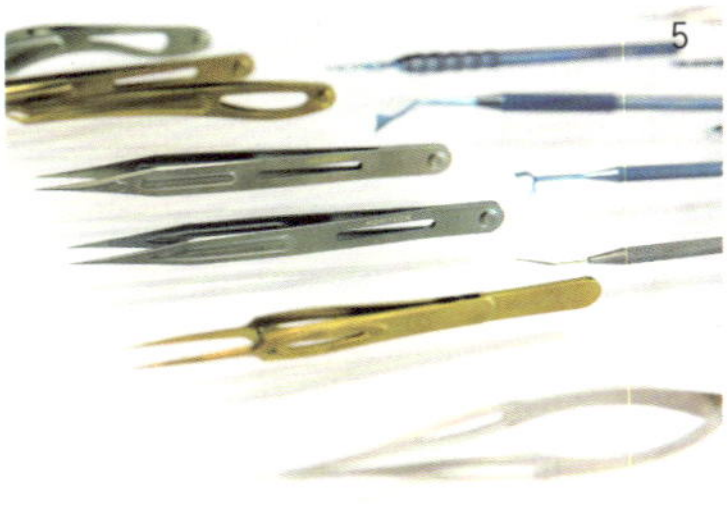

5.シャルマンが開発した医療用のピンセット。6.シャルマンのメガネフレーム。東北大学金属材料研究所と8年をかけて共同開発した「エクセレンスチタン」が使われている。7.最先端の機械と伝統の職人技が鯖江のメガネづくりを支えている。

称する牧野氏だった。新山氏は牧野氏を「いい意味で『村の村長』。どこにでもいて、いつも市内を歩いている」と形容した。

合併を拒んだ鯖江市は住民が七万弱。車で十数分もあれば横断できてしまう。市長がいくら「直接民主主義」を望んでも、大きすぎる広域市や、権力が集中している企業城下町では困難だ。

まっとうな努力をする移住者が集まってくる

鯖江市は、Iターン希望者の受入れも工夫をした。たとえば、公営住宅を六か月間は家賃なしで提供するが、それ以上の支援はしないという「ゆるい移住」(「お試し移住」というニュアンス)もその一つ。そのほか、伝統工芸職人のもとで働きながら学ぶ者を支援する事業を活用して移住する者もいる。

「ゆるい移住」で鯖江にやってきた二六歳の森一貴氏は、越前市に移り住み、イベント企画や発達障碍《しょうがい》児童の体験型学習に取り組んでいる。職人育成支援制度で修業に励む二四歳の孫和哉氏は、新山氏と同じくアートキャンプで鯖江に縁ができ、市役所に支援事業を紹介されたという。

一方、木工職人として修業する三〇歳の山口大樹氏は支援事業とは無関係。北海道の大学でデザインを学んで卒業後、「デザインとモノづくりを両立できるところを探したが、ほかになかったので鯖江の木製雑貨の製造会社へ来た」そうだ。

暮らしぶりはいずれも質素。孫氏の生活は、「朝七時半に工房にきて、八時から仕事。技術は作業しながら教えてもらい、夕方六時まで働く。昼食はパンで夜は自炊。最初は空き家を借りて住み、いまは友人と賃貸のシェア。一日の仕事が終わると疲れて寝る」。とはいえ「最初は『何もないところ』と思ったが、近所の人が食事を分けてくれたのに感動した。いまは充実している。支援事業期間五年のうちにいい職人になりたい」という。

Iターン希望者が、地域で受入れられる条件は何か。新山氏は「挨拶、気づかい、思いやり、プラスアルファのお礼」といった「当たり前のこと」に加え、「工夫できる力」が必要だという。「特別なことじゃない。ホームパーティが自分で企画できるくらいの創意工夫ができるとか」「自分が移住したときは、知人も話す相手もいなかったし、冬は雪で引きこもり状態だった。自分から動かないと何もできない」

つまり「都会でうまくいかないから来た」といったタイプは、地方に移住してもうまくいかない。そんな人に来られても、地域住民の側は困惑するだろう。

ただし新山氏は「学歴は関係ない。学歴だけ高くて、変な自信を持っていたりすると最悪」ともいう。学歴が高くても、自分から創意工夫する力のない「寄らば大樹のかげ」タイプは通用しない。

逆に言えば、学歴に関係なく、能動的な行動力と人なみの社会常識があればよい。スーツ姿で大組織の一員でいるよりも、自分の才覚と周囲との協業で事業を起こそうという気概がある

8. 山口大樹氏（中央）と孫和哉氏（右）。二人は仲間とともに廃工場をリノベーションして、職人たちが気軽に集える空間をつくる計画を進めている。

9.「ツギ」の新山直広氏（左）と森一貴氏（右）。10.鯖江は漆器の産地としても名高い（撮影協力：漆琳堂直営店）。

人が向いている。このあたりも、「シリコンバレー的」といえるかもしれない。

鯖江市ではJターンとIターンに加え、Uターンも増えた。市内の二つの高校も、定員オーバーとなった。原発という「大樹」に依存する敦賀市を抜いて、福井県の市町村では人口増加率が一位だ。

もちろん、この世にユートピアはない。だが鯖江のあり方は、継続的な創意工夫、地域への愛着、行政の透明性、民主的な住民参加といった、まっとうな努力の積み重ねこそ地域活性化の正道だということを教えてくれる。そうした土地に、まっとうな努力をする人がIターンしているのだ。

スーツ姿と大工場が目立たない「直接民主主義」の町。それは、大企業や政府に頼る従来の「ニッポンの生き方」とは違う未来を示唆しているのかもしれない。

鯖江市で会ったみなさん（プロフィールは取材当時のもの）

鯖江市長
牧野 百男さん
Makino Hyakuo

1941年、鯖江市石田上町生まれ。1961年に福井県庁に入庁し、県民生活部長、総務部長などを歴任。退職後、2001年４月から2002年12月まで小浜市副市長を務める。その後、福井県議を経て2004年に鯖江市長に初当選。現在４期目を務める。趣味は、料理、サッカー、野球観戦。好きな言葉は、「人は城、人は石垣、人は堀」。

シャルマン代表取締役会長
堀川 馨さん
Horikawa Kaoru

1934年、福井県生まれ。滋賀大学経済学部卒業。繊維商社を経て1961年に兄が経営する眼鏡フレームの部品メーカー、堀川製作所（現ホリカワ）に入社。1968年に株式会社堀川製作所に法人改組し、社長に就任する。1975年眼鏡フレームの販売会社シャルマン眼鏡設立。1995年株式会社シャルマンの会長に就任。

木工職人
山口 大樹さん
Yamaguchi Taiju

1986年、北海道札幌市出身。地元の高専でものづくりとデザインを学び、大学では情報デザインを専攻する。卒業後、札幌にあるリフォーム会社に就職するも、ものづくりへの情熱を忘れられず、退社して2010年に鯖江市に移住。現在は木製雑貨を製造するヤマト工芸に勤務し、箱物雑貨の製作などを手がける。

TSUGI代表
新山 直広さん
Niiyama Naohiro

1985年大阪生まれ。京都精華大学デザイン学科建築分野卒業。2009年鯖江市に移住。鯖江市役所在職中に移住者たちとTSUGIを結成し、2015年に法人化。グラフィックデザインをベースに、地域や地場産業のブランディングを手がける。アクセサリーブランド「Sur」の企画製造、福井の物産ショップ「SAVA!STORE」、体感型マーケット「RENEW」の運営なども行う。

木工職人
孫 和哉さん
Son Kazuya

1993年、大阪府松原市生まれ。京都精華大学芸術学部在学中に、鯖江市で開催されたアートキャンプに参加。卒業後の2016年４月、福井県伝統工芸職人塾を通じて鯖江市に移住。現在、越前だんすの塾生として、腕を磨いている。

森 一貴さん
Mori Kazuki

1991年、山形県生まれ。東京大学教養学部卒業。コンサルティング企業勤務を経て、「ゆるい移住」をきっかけに鯖江市に移住。工房・職人体験イベント「RENEW」など、まちづくりにかかわる企画・実行支援を手がける。2017年４月には、対話・探究・実践を重視した学習塾「ハルキャンパス」を越前市に立ち上げた。

02

東京都檜原村

東京都における唯一の「村」である檜原村。山梨県との県境にある山間地で、東京の水源地でもある。かつては林業と炭焼きが中心産業だった、ある意味で典型的な日本の山村。観光業も、いまでは頭打ちだ。

東京都であるにもかかわらず、というより東京が近いからこそ、人口減少と高齢化がめだつ。その地で移住者は、村長は、何を考えているのか。移住にはどんな課題があり、どんな可能性がありうるのか。このような点について考えてみたい。

二〇一七年六月二六日・二七日取材

檜原村MAP

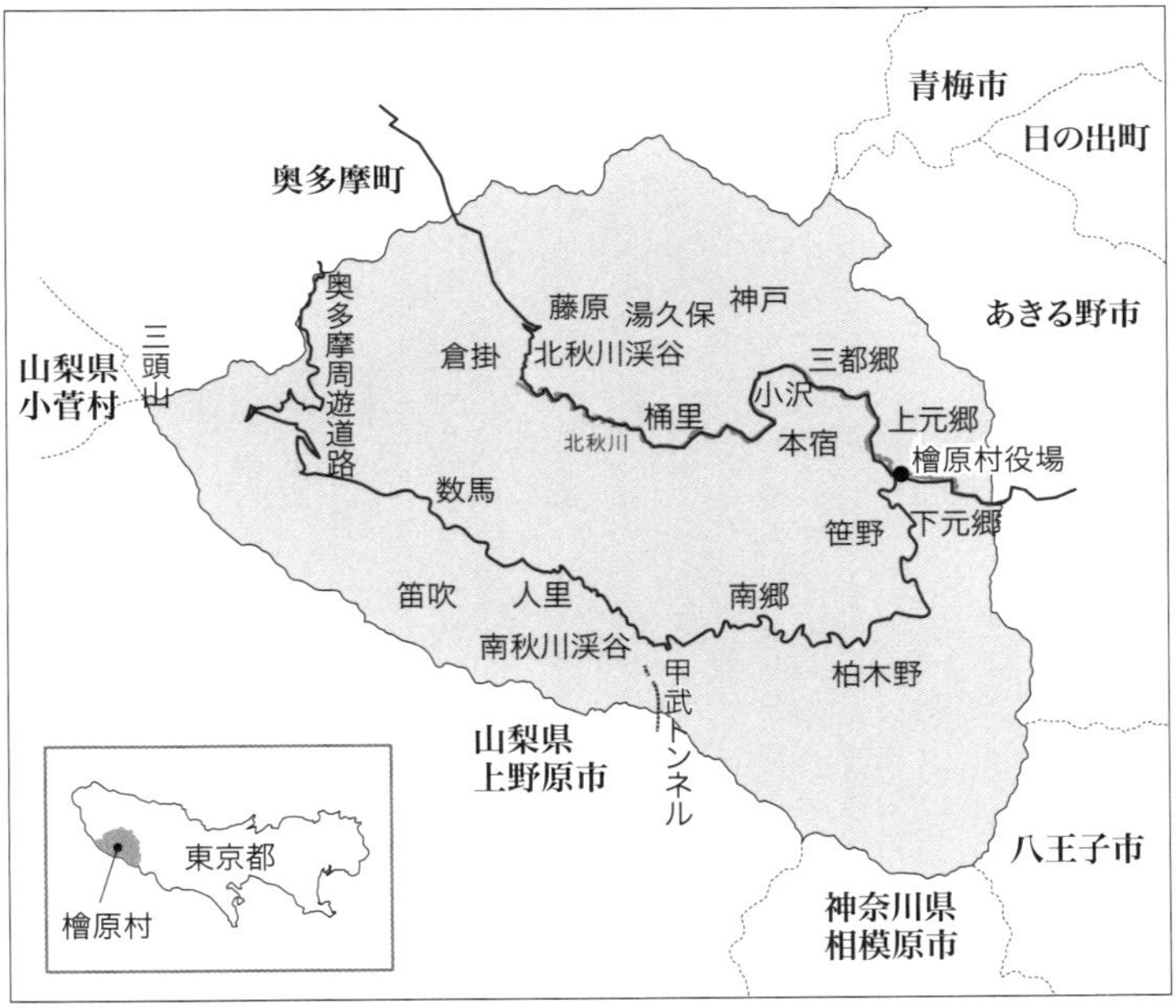

檜原村の概要

総面積105.41km²。人口2,189人、世帯数1,176世帯（2019年4月末日現在）。村の周囲は山稜に囲まれており、総面積の93％が林野である。村の80％が秩父多摩甲斐国立公園であることもあり、村を訪れる観光客は年間37万人にも及ぶ。

参考資料：檜原村ホームページ　http://www.vill.hinohara.tokyo.jp/

「夢」や「理想」がなければ人は変化に耐えられない

地方移住に向いているのはどういう人なのか。移住にはどういう条件が必要だろうか。「地方移住ってものを、勘違いしている人が多いと思う」。東京都檜原村《ひのはらむら》で古民家ゲストハウス「へんぼり堂」を立ち上げた鈴木健太郎氏は、こう語ってくれた。

「期待と違い、数年で帰る人が多い。都会でも成功できるくらい勤勉で会話力もある人か、都会ではやっていけないので生活コストを下げたい人しか定着しない。でも後者のなかには、孤立して引きこもり状態になった人もいる」

鈴木氏が移住した檜原村は、山梨県と接する山間部にある東京都唯一の「村」だ。こぶりな中心部に村庁舎と学校があり、山を縫って走る道路沿いに数十戸の小集落群が点在する。人口は約二二〇〇人で、一九四五年の約三分の一。村内に高校がなく、進学時に村を出る人が多い。高齢化率（六五歳以上の割合）は二〇一七年で四八％だ。

主産業だった林業と炭焼きは低迷。高度成長期以後は、近隣自治体にできた工場やオフィスに通勤する人が増えた。都心に近いので観光業もあったが、これも九〇年代がピーク。村内には閉鎖した民宿や商店が目につき、空き家だけになった集落もある。

住民は、平日は村外に通勤し、休日は村外のモールで過ごすことも多い。村に住んではいても、村に目が向いていないともいえる。

いきおい、山や川の美しさを褒《ほ》めるのは村外から来た人が中心となる。移住者のなかには、「町にはよほど仕事がないんだね」などと言われた人もいる。自治会や消防団に参加しないと、話す機会も少なくなる。これでは、「都会でも成功できるくらい勤勉で会話力もある人」でないと、「孤立して引きこもり」になってしまうという鈴木氏の言葉もうなずけよう。

鈴木氏は、移住前にＩＴ系の会社で企画事業に携わっていた経験を活かして、「へんぼり堂」の立ち上げに周到な準備をした。借りた古民家を改築していく様子を記録した動画をネットで流し、企画書を公開して「いいね」を集め、メディア取材も多数受けた。お客のリピート率はいまでも高い。これだけやっても「期待したほどのブレイクスルーはできなかった」というから、地域移住も甘くない。

「地域おこし協力隊」の人たちにも話を聞いた。彼らの多くは、アウトドア活動や農業が好きで、デスクワークに明け暮れる都会生活に不満を感じて移住してきた。地方移住のノウハウも事前に学んで、消防団や自治会の活動にも積極的に参加していた。

だがそんな彼らにも、予想外のことがあった。それは、移住者側の期待と、受入れ側の期待のずれだ。移住者の側は「田舎暮らし」を期待する。しかし受入れ側が移住者に期待するのは、村の人が持っていないもの、たとえば事務能力や企画力、法的知識、都会とのネットワークな

1.檜原村役場のすぐそばを流れる秋川の岸辺で地域おこし協力隊のみなさんと。2.檜原村は面積の93%を林野が占め、平坦地が少ない。山あいを縫うように道路が走り、その道路沿いに集落が点在する。

3.東京チェンソーズの木田氏に現場を見せてもらった。4.東京チェンソーズ代表の青木亮輔氏と従業員の竹本明子氏。5.事務所に並ぶ作業道具。

どだったりする。

たとえば、細貝和寛氏の生活はこんな感じだ。「平日は六時半に起き七時に朝食。八時半に村庁舎に来て、新宿で開催される物産展に出荷するためのポップづくり。午後はゆずワインとじゃがいも焼酎をコンビニチェーンに卸す交渉。夕方は借りた畑の草取りをして、夜は消防団の訓練。団員と酒を飲んで帰宅し一一時か一二時に寝る」。生活は充実しているが、「檜原村に来て事務や営業の仕事をするとは予想していなかった」という。

つまり移住者に必要な資質は、まずは以下の三つだろう。①近所の人に挨拶ができること、②過大な期待をしないこと、③地域のニーズと自分の希望の折り合いがつけられること。一言でいってしまえば、「常識があって着実な人」ともいえる。鈴木氏がいう「勤勉で会話力のある人」も、その延長線上にあると考えられよう。

自信や夢を失った地域は排他的になりやすい

だが常識と勤勉さだけでは、乗り越えられない問題もある。地域おこし協力隊で空き家活用事業に取り組む小西久司氏は、こう悩みを語った。

「妻が妊娠していて、子どもが生まれる。中学まではこういう地域で育てたい。だが、協力隊の契約期限が迫っているのに、村内に次の住居がみつからない」

協力隊員には村の行政が貸家を世話してくれるが、契約期間が切れたら自分で家を探さなくてはならない。ところが檜原村は山村で、わずかな平地に新規造成の余地はない。人口減で賃貸需要が少ないので民間賃貸アパートもない。そのため小西氏は、住居探しに苦労していたのだ。こういう問題は、移住者に常識と着実さがあってもそれだけでは解決できない。

じつは住宅不足は村の住民にとっても問題だ。結婚して実家から独立しても村内に新居を探せず、村を出る人が少なくないという。

一方で、村内に空き家は多い。だが、檜原村の民家は売ろうとしても高値がつかない。そのため空き家になっても、不動産屋は仲介に消極的で、持ち主も積極的に売ろうとしない。先祖代々の畑や墓があればなおさらだ。

村の行政はどう考えているか。二〇〇三年から村長を務めてきた坂本義次氏に話を聞いた。

「まだ村会議員だったとき、定住促進のために村営住宅を作る提案をしたが、村の行政から『人が入るわけがない』と拒否された。村には『どうせ何をやってもダメだ』という気分があり、それがこの問題にも反映していた」

坂本氏は村民の自信を回復させることを狙いとして、さまざまな改革に取り組んだ。まず企業と交渉し、周辺の市や町に先駆けて光通信を導入した。さらに都に交渉してセラミック浄水を導入し、生活排水の化学物質を世界一の水準まで減らした。それもこれも、「うちの村もやればできる」という自信を持たせるためだった。

さらに「見せる山づくり」をうたい、採算がとれない杉を伐採し、モミジや桜を植林した。図

7

6.坂本義次村長。この日は近くの小学生が役場見学に訪れていた。7.人里（へんぼり）地区にあるゲストハウス「へんぼり堂」。〝寺子宿〟のコンセプトのもと、「人とのつながりとお金が生まれる」交流イベントが多く開かれる。

8.代表の鈴木健太郎氏（中央）と宿直スタッフの伊藤昌兵氏（左）とともに「へんぼり堂」の前で。9. 1階の広間はイベントスペース。地域住民が先生となって、草木染め教室や料理教室などが開かれる。

書館車を競争入札にしたり、村のマークを作ったり、行政改革で人件費を一七％減らしたりもした。これらの改革には賛否があるが、「行政は最大のサービス業だが、いわば最大の独占企業体。放っておくと腐敗する」というのが坂本村長の信条だ。

こうした姿勢が影響したのか、「平成の大合併」をめぐる二〇〇四年の住民アンケートでは、合併反対が多数を占めた。「事前の予想では、地元に愛着を持つ年長者が反対すると考えていた。しかし実際は、村の将来に悲観的な年配者に合併支持が多く、若い世代、とくに中学生に反対が多かった」。村の自信の回復をめざした坂本氏としては、うれしい誤算だった。

住宅問題への取り組みはどうか。坂本氏は村長就任後、村営住宅の建設に着手。平地がないので山の斜面を整備し、一軒家形式の村営住宅を二三世帯分用意して、子育て世帯や移住者を入居させた。さらに五世帯分を新しく作っていたが、斜面を整備すると費用が高くなってしまうのが悩みだという。

「本当なら平地にある空き家の土地を整備したほうが早いが、住民は土地を手放したがらない。空き家は就任後に調査して七〇軒あるとわかり、現在は二六〇軒をデータベース化しているが、移住者に貸してもよいという人は少ない」

じつはこの問題にも、自信喪失がからんでいる。村や集落の住民が「この村はどうせだめだ」という意識だと、地域の活性化のために移住者に家を貸すといった機運はなかなか生まれてこないのだ。

その点、「へんぼり堂」の鈴木氏は幸運だった。古民家を改修して「へんぼり堂」を作る企画に、家主と集落が協力してくれたのだ。

「ここの集落は『このままいけば集落がなくなる』という危機感があった。だから移住者に貸したし、改築するのも許容した。自分は集落の草刈りは行っても、自治会には出なかったが、それでも許された。だが、そんな移住者なら来るなという集落もある」

「危機感があるのは、住民が集落の未来に夢を持っているから。この集落は、村の植林事業が始まる前からモミジや桜を植え、将来を考えていた。植えながら『百年後にここが桜の名所になったら本望だな。そのとき、俺たち生きていないけど』とか言っている。住民がそういう夢を持っている地域しか、新規の事業は受入れない」

こう見てくると、移住の成功には、移住側の資質だけでなく、受入れ側の資質も必要であることがわかる。受入れ側の地域が自分たちの土地に夢と自信を持っていなければ、移住者を受入れるというような面倒を避けがちになるのだ。

理念と着実さが好循環を生む

移住側と受入れ側の条件がかみあい、好循環を作るのは簡単ではない。だが檜原村には、その好循環を築くことにかなりの成功を収めた人がいる。「東京チェンソーズ」の代表取締役の青木亮輔氏だ。

10.行政単位としての村は、集落の集まりだ。檜原村には26の自治会があり、各集落は数十戸からなる。集落と集落の間は、徒歩だとかなりの距離がある。11.村庁舎内で「カフェせせらぎ」を営む幡野庄一氏。銀座でカフェを経営し、2004年にUターン。「自分は都会で暮らしていたから、あらためてここの自然のよさがわかる。空気が違う」という。

12

13

12.檜原村でも最奥にある藤倉のバス停。鎮守の春日神社例祭の獅子舞で知られ、天明元（1781）年に奥多摩町小留浦（ことずら）から伝承されたという。バスが通ったのは1986年だった。同年に廃校になった藤倉小学校の校舎は、NPO法人の主導で地域活性化の拠点として使われている。13.藤倉バス停の近くにある「子縋（こすが）り地蔵」。設立は文政9（1826）年といわれる。

青木氏は一九七六年生まれで、大学時代は探検部で世界をまわった。卒業後に英語教材販売の仕事に就いたが、一年で退職し、国の就業支援で二〇〇一年に檜原村の森林組合で働き始めた。山と自然が好きで、林業をしたくなったのだという。

ここまではよくある移住者の事例だが、青木氏の場合は、そこから一五年かけて実績を積んだ。森林組合で経験を積んだあと、二〇〇六年に四人で「東京チェンソーズ」を立ち上げ、二〇〇九年には森林組合の下請けから元請けの仕事に進出した。檜原村が推進している広葉樹への植替え事業などを受注する一方、林業体験会やツリークライミング講習会、自分の苗木に出資する「東京美林倶楽部」などを企画。そのほか「木材を切った人の顔の見える家づくり」をコンセプトとして、工務店への材木の直接出荷、自社での製材、木工品の製作なども行ってきた。

企画の新規さだけでなく、社員の待遇面でも会社設立時から月給制を採用し、社会保険にも加入した。近年では常時一〇人前後が働き、社内結婚も出た。「アイデアの半分は実行できて、そのまた半分を事業にできた」と青木氏は言う。

こう書くと、いかにも「有能な若手起業家」のように聞こえる。実際にそうなのだが、青木氏は謙虚だ。「自分が天才だとかは、口が裂けてもいえない」という。「最初はただ山で働くのが楽しかっただけ。周囲に自分のアイデアを話していたら、声をかけてくれた人や助けてくれた人がいた。自分は鈍くさいと思っている。一五年かかったが、賢い人ならもっと早くやれたと思う」

そう青木氏は言うが、時間をかけたことで、地域内の信頼も築けた。移住した集落内に家を買うこともでき、商売関係を超えて、地域住民から山の手入れの相談を受けることも増えたという。

青木氏に、移住に向いている性格を聞いてみた。すると「神経質すぎず、実直にがんばる人」「やっていることは地味でも、理念を大切にする人」と彼は答えた。

「自分の理念がないとがんばれない。それがないと、補助金に頼るとか、人まかせになってしまう。何とか林業で生活はできるようになったけれど、自分たちが当初に掲げた〝東京の木の下で地球の幸せのために、山のいまを伝え、美しい林を育み、活かし、届けます〟という理念は完全には実現できていない。まだまだこれからです」

着実であると同時に、「理念」を持っていることが大切だと青木氏は言う。だが鈴木氏も、「夢」の大切さを別の形で語っていた。

つまりはこうだ。移住する側と受入れる側が、ともに「夢」や「理念」を持っていないと、変化は起きてこない。なぜなら「夢」や「理念」がなければ、変化に耐えられないからだ。人間は変化のために着実に努力するよりも、現状に安住しながら文句を言っているほうが楽である。移住する側も、受入れる側も、自分自身を変えるという困難を乗り越えるには、着実さと理念の双方が必要なのだ。

それこそ、移住者側と受入れ側の双方に求められる資質だろう。そして両者の夢がかみあったとき、最良の条件が生まれることになる。

青木氏は、自分の毎日の生活をこう語ってくれた。

「四時半に起きて、かみさんと山をランニング。犬の散歩をして六時に朝飯を食べ、働きに出て、夕方六時ごろ帰宅する。週末は林業体験などのイベントが多いが、それがなければかみさんと山へバイクかランニング。いつも見る村内の山も、『この木はこう使える』とか『こんなイベントしたら』とアイデアがわく。まあ、ほんとに山と自然が好きなんでしょう」

いつも身近な自然と自分の夢のことを考え、地域とつながって生きる。こういう生活を「大変そう」と思うか、「やってみたい」と思うか。それが、地方移住に向いているか否かの分かれ目だろう。

檜原村で会ったみなさん（プロフィールは取材当時のもの）

東京チェンソーズ代表取締役
青木 亮輔さん
Aoki Ryosuke

1976年、大阪市生まれ。東京農業大学林学科卒業後、１年間会社勤めをしたあと林業の世界へ。2001年から檜原村の森林組合に勤め、2006年に森林組合で出会った３名の仲間とともに独立し林業事業体「東京チェンソーズ」を設立。2011年に法人化し、株式会社東京チェンソーズ代表取締役に就任。事務所は築400年の古民家。

檜原村 村長
坂本 義次さん
Sakamoto Yoshiji

1945年、檜原村生まれ。東京経済大学卒業。檜原村消防団長、檜原村行政改革懇談会会長等を経て、1999年、檜原村議会議員。2003年５月より檜原村村長。東京都市町村林野振興対策協議会長。東京都治山林道協会会長、東京都交響楽団顧問、東京都農林水産振興財団監事等を兼職。趣味はゴルフ、音楽鑑賞、オカリナ。座右の銘は「チャンスは二度とない」。

へんぼり堂 代表
鈴木 健太郎さん
Suzuki Kentaro

1982年、神奈川県茅ヶ崎市生まれ。北里大学大学院基礎生命科学研究科中退後、2007年にIT企業「チームラボ」に入社。WEBサービス、ファッションブランドの立ち上げなどさまざまな事業を手がけたのち、2012年に退社。2013年、築120年の古民家を延べ300人以上の参加者とともにリノベーションし、「へんぼり堂」をオープン。現在は都心在住。

カフェ「せせらぎ」オーナー
幡野 庄一さん
Hatano Shoichi

1939年、檜原村生まれ。30歳の頃に脱サラして、東京・銀座にカフェを開く。以来、おいしいコーヒーを提供することにこだわり続け、多いときには銀座を中心に10店舗以上経営していた。引退を機にＵターンし、2005年に檜原村役場１階に「せせらぎ」をオープン。住民たちの憩いの場として親しまれている。檜原村観光協会会長を務める。

檜原村 地域おこし協力隊のみなさん

細貝 和寛さん
Hosokai Kazuhiro

1994年、新潟市生まれ。東京農業大学で林業生態を学ぶ。観光振興担当。

松岡 賢二さん
Matsuoka Kenji

1987年、神奈川県茅ヶ崎市生まれ。体験農園の畑仕事など農業振興担当。

小西 久司さん
Konishi Hisashi

1976年、福岡県北九州市生まれ。空き家対策、移住・定住支援を担当。

小川 豪さん
Ogawa Tsuyoshi

1994年、東京都立川市生まれ。村の資源や文化を生かす観光振興を担当。

03

群馬県南牧村

二〇一四年に話題をよんだ「消滅可能性都市ランキング」で、一位となった群馬県南牧村。一九五〇年代は林業とこんにゃく芋で栄えたが、そのピークがすぎると、人口減少もひときわ激しかった。いまの村には、立派な構えの空き家がめだつ。

危機感とあきらめ感が交錯するなか、村役場は移住促進に真剣だ。移住者の側も、単なる「田舎暮らし志向」をこえて、あえてこの地を選択している。人口減少と移住促進の最前線ともいえる状況を考えたい。

二〇一七年一〇月二日・三日取材

南牧村MAP

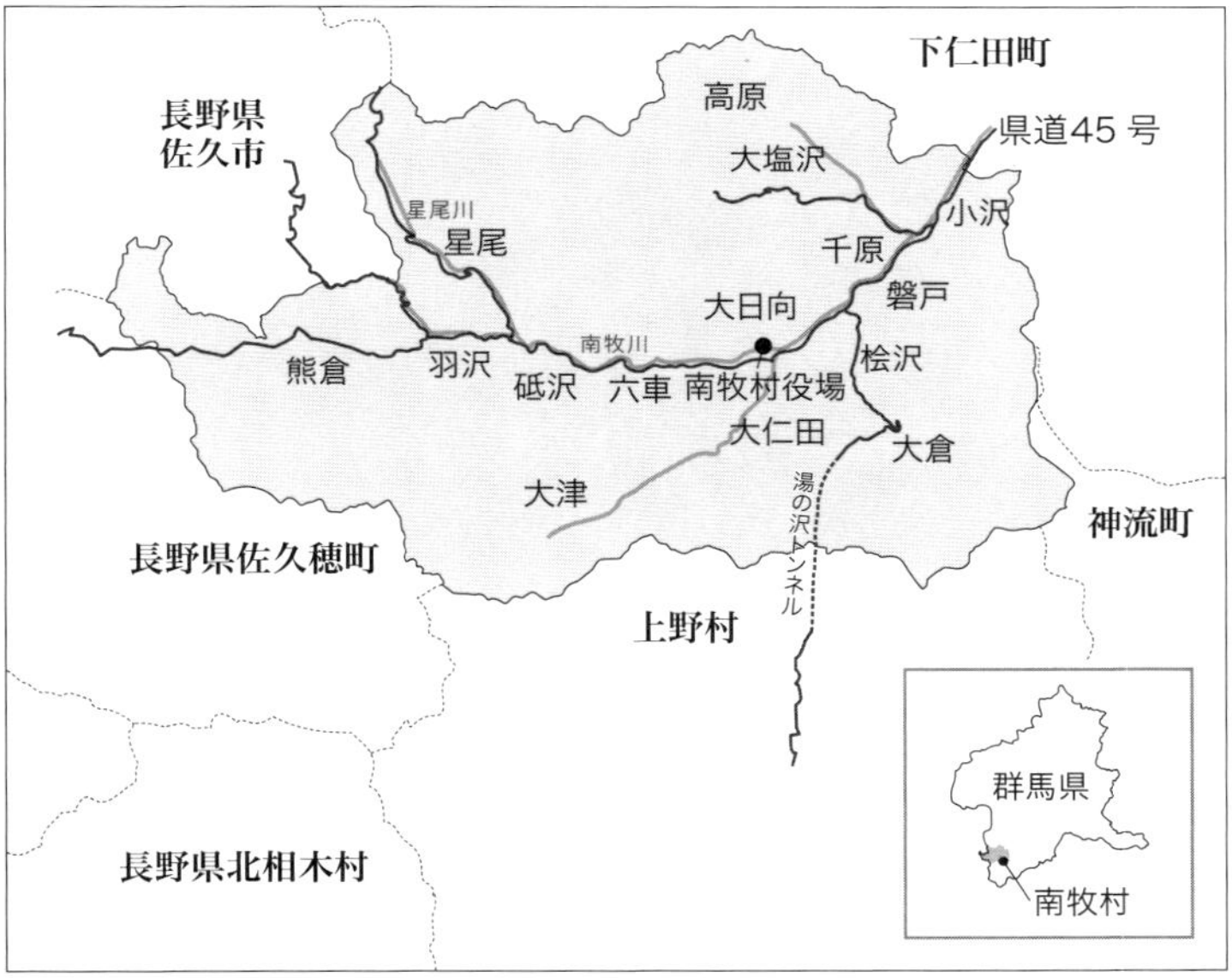

南牧村の概要

面積118.83㎢。人口1,840人、世帯数1004世帯（2019年4月末日現在）。群馬西南端に位置し、山々に囲まれた自然豊かな村。過疎化が進む一方で、「なんもくの花」というブランドで、花卉生産に力を入れている。

参考資料：南牧村ホームページ　http://www.nanmoku.ne.jp/

夢物語から現実へ

「バブル」が通りすぎた村

「こんな消滅しそうな村が記事になるのか？　消滅しそうだからこそ記事にするのか？」

集落の人に声をかけたら、こう言われた。

群馬県と長野県の県境にある南牧村《なんもくむら》は、人口二〇〇〇人弱の山村だ。六五歳以上の比率である高齢化率は六割を超えて日本で最高。二〇一四年のベストセラー『地方消滅』（増田寛也編著、中公新書）で、「消滅可能性都市ランキング」一位と指名されたため、その関連取材も多かった。なかには、礼を失した取材もあったことだろう。

一方で南牧村は、移住促進に熱心な村でもある。地域振興関連の書籍でも、この村の移住促進の取り組みは、積極的に紹介されている。今回は南牧村を通じて、「地域おこし」と「移住」の関係はどうあるべきかを考えてみた。

実際に南牧村を訪れて気づくのは、「山村」という言葉が不似合いなほど、立派な木造家屋が多いことだ。じつはここは、一九五〇年代には栄華を経験した村だった。

この地帯は戦国時代から交通の要衝で、江戸幕府御用達の砥石《といし》の産地でもあった。しかし山がちの土地は水はけがよすぎて、米作はできなかった。ところが、この土地がこんにゃく芋の栽培に適しており、この村の特産品となったのだ。

一九五〇年代の南牧村は、こんにゃく、砥石、養蚕、林業で栄えた。当時は「荒粉《あらこ》（こんにゃく芋を干して粉にしたもの）をセメント袋一つ売れば三か月は遊んで暮らせる」といわれた。村内には飲食店やパチンコ屋が並び、芸者宿まであったと聞く。いまでも村内の各集落には貴金属店の看板が残り、立派な土蔵のある大きな家が多い。

いま南牧村を訪れる人は、ここを「自然あふれる山村」と考えがちだ。だが昔の写真をみると、いまは木が生えている山の斜面の多くが切り開かれており、こんにゃく芋の段々畑だったことがわかる。

しかし六〇年代になると、「こんにゃくバブル」がはじけた。品種改良により、平地でも作れるこんにゃく芋ができたためだ。林業も養蚕も砥石も不振となり、一時は一万人を超えた村の人口は減っていった。現在の人口は、一九五五年の約六分の一だ。約一七〇〇軒の家が村内にあるが、二〇一七年九月の世帯数は一〇四二で、大きな空き家が少なくない。

堅実な移住者たち

もっとも、これをプラスに考えれば、建物のストックが豊富ともいえる。村には現在三〇〇軒ほどの空き家があり、移住者向けの空き家バンクには、四六軒の登録がある。村の行政は、二〇一八年四月に公営住宅アパート六軒のほか、四軒の古民家を改修して、移住者に備える予定だ。

千葉県から移住した米田優《まさる》さんは、山河の絶景な古民家を改修して、体験型民宿「かじか倶楽部」を営んだ。この民家は、村の全盛期だった約六〇年前に地域の有力商店が建てたもので、地元民の冠婚葬祭などに使われた大広間を持つ。室内外の装飾も豪勢だ。

これだけの家であるのに、家賃は月に二万五〇〇〇円。改修はご夫婦二人で行い、地下にはご主人自慢のプライベートバーまで作った。一九四六年生まれの米田氏は、六〇年代後半に学生だった世代で、登山が趣味だったという。

「千葉県で働いていた九〇年代の初めころ、近所の居酒屋で『山に家がほしいね』と話していたら、店主が『うちのばあちゃんの家が空いているから使いなよ』と言ってくれた。家賃は年間一〇万円で、見てすぐ借りることにしました」

これだけ聞くと、よくある「熟年田舎暮らし移住」のように聞こえる。しかし米田氏は、すぐ移住したわけではない。最初は週末に通い、本格的に移住したのは二〇〇六年。村に一〇年以上通って、村内に人脈もできたあと、移住して蕎麦屋を開店したのである。

「引退後に別荘気分で移住してきた人には、集落の人と挨拶もせず、なじめないまま出ていった例もある。そういうのは、当人にとっても、村の人にとってもよくない」

移住した翌年、村の行政から他の民家が空くと紹介されたのが、現在「かじか倶楽部」となっている民家である。最初は蕎麦屋と並行して運営していたが、やがて民宿に専念した。週末に過ごすだけなら、気楽といえば気楽だった。それなりの準備期間があったとはいえ、飲食店や民宿を経営するとなれば苦労も多い。それでも開業した動機を聞くと、こんな答えが返ってきた。

「村に通っている間に、人口がどんどん減っていった。一緒に飲んでいた村の若い人たちに、『ちゃんと村おこしをやれよ』とか講釈を垂れているうちに、自分が事業をやらなければならなくなりました」

こういう意欲のある移住者は、「地域おこし」を考える地元にとってもありがたい。米田氏は空き家バンクの立ち上げに参加したり、移住者の相談にのったり、さまざまな役割を果たした。

村で「自然農園まほらま」を営む五十嵐亮氏は、ずっと若手の移住者だ。一九八〇年生まれの五十嵐氏は横浜市出身で、父親は音楽の録音エンジニア。高校は中退し、建設系の仕事などを経て、アジア系輸入雑貨を扱う会社に四年ほど勤め、その後に全国の農場を四年ほど旅した。南牧村に移住したのは二〇一三年である。

これも経緯だけ聞くと、よくある「自分探し系移住」のように聞こえる。しかし五十嵐氏が印象的なのは、「手に職をつける」ために、独自のキャリアを積み上げてきたことだ。

「手に職をつけたかったので、まず建設系で職人の仕事。そのあと会社勤めをしましたが、農業を学びたくて、香川県の農場の募集をネットで探した。職人をやっていたので農業もけっこうで

1. かつて砥石の産地として栄え、多くの商店が営業していた砥沢地区も、いまや多くの空き家が目につく。

2.左が「かじか倶楽部」オーナーの米田優氏。右は奥様の道子氏、中央はスタッフの小保方努氏。3.かじか倶楽部では採れたての新鮮な野菜を使った料理を提供。4.1階フロアには薪ストーブが焚かれていた。

きて、同じ農場にいた人たちと農家さんの持ち家で共同生活しながら、農業の話を聞いた。そうやって情報を集め、次は沖永良部島《おきのえらぶじま》の花卉《かき》栽培の募集に行き、その後に北海道の農場で多品種生産の自然栽培に触れました。それから山形で有機サクランボ、埼玉でナス、静岡で有機レタス、愛媛で有機イチジクや六次産業化について学んだ。自分で何かを始めるのに慎重な性格なんで、栽培や経営について調べるようにしたんです」

南牧村を選んだのも理由がある。この村は山がちで広い土地がなく、水はけがよすぎてコメはできない。しかし逆にいえば、小規模な野菜栽培には適している。また五十嵐氏は、雑貨会社にいたとき流通を学び、関東圏に知人のネットワークを持っていた。

「農園をやるといっても、売れなくては成り立たない。そこで、過去のつながりで販売先が見込める関東圏から、埼玉、静岡、群馬と候補地を探した。さらに群馬でも三か所ほど検討して、規模が小さくて山がある南牧に決めました。まわりに大規模栽培しているところがなく、新規にやりやすいとも思いました」

それでも苦労は多かった。一年目は農地を貸してもらえず、まず畑つきの家を借りて、その畑を耕した。その家は空き家バンクを通じて村役場から大家を紹介してもらい、年に三万五〇〇〇円で借りることができたが、手入れしないと住めない状態。移住時は二〇万円しか貯金がなかったので、自分で風呂を作り、腐っていた床を直し、野菜の箱詰めや貯蔵に使うスペースを作った。こうした改修は、建設で身につけた技術を活かし、全部自分でやったという。

そのうち、「本当にやりたいという意欲を信用してくれたのか、村の農業委員の仲介でいまの農場を借りることができた」。そこは耕作放棄されていた農場だったため、村の先輩農家からトラクターを借りてすきかえし、各地で学んだ自然農法で野菜を作った。

とはいえ、自然農法の野菜を高値で評価してくれる売れ先がなくては、農園は成り立たない。だが五十嵐氏は、前述したように、その点も考えて南牧村を選んでいた。

「関東圏の八百屋や飲食店の知り合いがいたので、野菜をそこに卸すところから始めました。いまは自分で営業したり、営業先を紹介してもらったりで出荷先が広がり、作った分は全部、自分の言い値で売れています」

ここまでの意志と計画性があれば、学歴など関係ない。村内や営業先で認められているのもそのためだろう。自分の夢を持ち、それを着実に実行する人は魅力的でもある。有機卵の販売で知りあった、歯科衛生士の女性と来年には結婚するそうだ。子どももこの村で育てたいという。

移住希望者へのアドバイスを聞くと、こう答えてくれた。

「地方に住んでみたいというだけでもいいかもしれないけれど、〝やりたいこと〟があったほうがいい。やりたいことを人に話していると、それがきっかけで村の中でも関係が広がるし、助けてくれる人も出てくる」

二人の事例をみていると、移住の夢を実現させるには、それ相応の堅実さが必要だとわかる。それが結果として、受入れる地域にとっても大切なポイントだということも。

5.山の斜面に広がる五十嵐亮氏の畑。さつまいも、かぼちゃ、ニンジン、きゅうり、なすなどを育てている。6.五十嵐氏の畑で採れた、バターナッツという品種のかぼちゃ。7.採卵用のニワトリにエサを与える五十嵐氏。以前はヤギも飼育していたという。

8.東西に走る南牧川沿いに木造の民家が立ち並ぶ。かつては養蚕を営んでいたと思われる、2階建ての大きな家が多い。9.村内には倒壊した空き家も少なくない。

「移住で人口が増えるとは思っていない」

村の行政は、移住と地域振興の関係をどう考えているのか。村長の長谷川最定《さいじょう》氏は、「いまは村になじめそうにない人はお断りしている」と語った。

かつては移住者の側も、村の側も、移住ということに不慣れだった。「南牧山村ぐらし支援協議会」会長で、創業一四〇年の和菓子屋を営む金田鎮之《しげゆき》氏の話によると、かつては地元民とトラブルになることがあったという。近所に挨拶しない、地域活動に参加しないといったケースのほか、借りた民家なのに建材を暖房で燃やしてしまった移住者までいたそうだ。

その後は村の側も、移住者をある程度選ぶようになった。そのかわり、見込みのありそうな人への支援は積極的だ。村への移住説明会を東京や名古屋で開き、長谷川村長が移住希望者に面接した。

「たとえば移住して飲食店をやりたいという人には、『お金をいくら持っているんですか』と聞きます。なかには、『五万円しか持っていない。飲食の仕事はやったことがない』という人がいたりする。そういう人には、『まずは村にある〈道の駅〉で蕎麦を作って、一年くらい修業したらどうですか』という。それから一生懸命やっているかどうか様子をみて、自分も食べに行ってうまかったら、行政のお金で民家を改修して援助したりします」

つまり移住者が地域に根づくための援助と、地域の振興が一体で考えられている。前述したように、米田氏の民宿も、村の行政が紹介した古民家だ。五十嵐氏は自分で民家を改修したが、条件が整えば村が援助する制度ができている。東京でカフェを営んでいた加藤有希氏は、経験を活かして村にカフェを開店したが、その駐車場は村の行政が整備した。

長谷川村長がこうした移住援助に積極的なのは、村の未来に危機感があったからだ。

「移住で人口が増えるなんて夢物語は考えていない。高齢者の自然減だけでも、いまの二〇〇〇人が半分にはなるでしょう。しかしいまから若い世代をよびこむ努力をすれば、七〇〇～八〇〇人くらいの人口でバランスのとれた状態を作れる。人口が少ないから、若い世代が毎年数世帯ずつ移住してくれれば、一五年後の高齢化率を五〇％以下にできる。来年は一五名が移住してくる予定です」

「何もしないでいれば、高齢化率があがるばかりで、社会として維持できない。村に商店や床屋がゼロになったら、たとえば三〇〇〇円の散髪のために、一万五〇〇〇円のタクシー代をかけて村外に行かなくてはならなくなる。これでは住み続けられない。村として支援してでも、移住者には農業や自営業をどんどんやってもらいたい」

長谷川氏はかつて村役場の総務課長だったが、村の将来に危機感を持ち、二〇一四年に村長選に出馬した。当選後に着手したのは、ＮＰＯの設立と、高齢者施設の建設だった。これも、地域に雇用を増やすという意味で、地域振興と移住者対応がセットになっていた。

「村内に勤め口がないから、若い人がいつかない。山がちで広い土地もないから、企業は誘致

10

12

11

13

10.11.12.13.加藤有希氏が開いている「なんもく村のちょっとしたcafe」の外観・内装・ランチ。米田優氏が2006年に開いた蕎麦屋だった建物。五十嵐亮氏と協力して助成金を申請し、内装・キッチン・水まわりを整備した。東京から南牧村の近隣に移住したきっかけは「カタクリの一生の話をしてくれた村のおじいさんが素敵だった」ことだという。

14.県の天然記念物及び名勝に指定されている「線ケ滝」。「かじか倶楽部」からほど近い位置にある。15.村庁舎で長谷川村長から話を聞く。16.村庁舎の入口に掲示してある人口と世帯の現在数。人口減少対策は村の最重要課題だ。

できない。まずは行政がやっていた仕事をＮＰＯに委託して、雇用を増やしていく。たとえば福祉施設や村営テレビ、〈道の駅〉などはＮＰＯの運営にして、給料も公務員なみにしてもらった。そうやって雇用を作っておいて、これはと思った移住者に面談したときに、『奥さんの仕事もお世話しますよ』と提示したりします」

「昔は都会から人を呼ぼうとして、スキー場や国民宿舎を建てたりするのが流行《はや》りました。そんなことは効果もないし、リスクも高いから、手を出す気はありません。まずは長いスパンで働けるところを、地道に作っていく。子育て世代に関心が高い教育については、カドカワのＮ高校（ネット通信制高校）の地域拠点ができる予定です」

かつての地域振興は、公共施設や企業誘致など、夢物語で終わったものが多かった。失敗した理由は、自分たちの努力ではなく、他力本願で一発逆転を狙ったものだったからだ。

そしてじつは、「移住促進で人口を増やそう」という発想も、「移住さえすれば夢がかなう」という発想も、他力本願という点では共通している。長谷川村長も、米田氏や五十嵐氏も、そうした発想とは遠いところにあるのだ。

南牧村で会った人々は、自分自身の堅実な努力で、未来を開こうとしている人たちだった。「地方移住」と「地域振興」のマッチングは、もはや空想の夢物語としてではなく、着実な事業として行われる段階に入っているようだ。

南牧村で会ったみなさん（プロフィールは取材当時のもの）

自然農園まほらま 代表
五十嵐 亮さん
Igarashi Ryo

1980年生まれ、横浜市出身。雑貨店勤務などを経て、2009年から4年間、全国の農家で住み込みで働きながら修業。2013年に南牧村に移住し、自然農法を実践中。

南牧村 村長
長谷川 最定さん
Hasegawa Saijo

1953年生まれ。実家は南牧村にある天台宗安養寺。長年、南牧村役場で働き、総務課長を務めていた 58歳のときに退職。還暦を迎えた 2014年に初当選し、南牧村村長に就任。

なんもく村のちょっとしたcafe 代表
加藤 有希さん
Kato Yuki

1981年生まれ、東京都練馬区出身。製菓学校卒業後、都内の洋菓子店などで修業。2009年に南牧村を初めて訪れ、以来、東京と行き来するように。2015年カフェを開店。

かじか倶楽部 オーナー
米田 優さん
Yoneta Masaru

1946年生まれ、北海道出身。千葉県で会社員として働きながら、1990年ごろから南牧村に通うように。2006年に移住して、翌2007年に「かじか倶楽部」をオープン。

南牧山村ぐらし支援協議会 会長
金田 鎮之さん
Kaneta Shigeyuki

1971年生まれ。創業 140年の村の和菓子屋「信濃屋嘉助」の 4代目。2010年に、空き家対策や移住支援を行う「南牧山村ぐらし支援協議会」を立ち上げた。

かじか倶楽部 スタッフ
小保方 努さん
Obokata Tsutomu

1977年生まれ、群馬県太田市出身。飲食店勤務などを経たのち、2014年に南牧村に移住。「かじか倶楽部」で働くかたわら農業を営み、地域活性化活動にも携わる。

04

静岡県熱海市

高度成長期に温泉観光業のピークを迎えた熱海市。かつての団体客中心のビジネスモデルは通用しなくなり、いまでは高齢化と財政難に悩む「課題先進都市」だ。中心部は坂道が多く狭小な地形で、地価の高さと若い世代の住宅難も問題になっている。

一方で東京に近いこの町は、移住者による起業も多い。観光業者や市役所も危機感を持ち、改革の機運も出てきている。市役所、Uターン者、移住者などに、さまざまな課題と可能性を聞いてみた。

二〇一七年一二月二七日・二〇一八年一月二三日取材

熱海市MAP

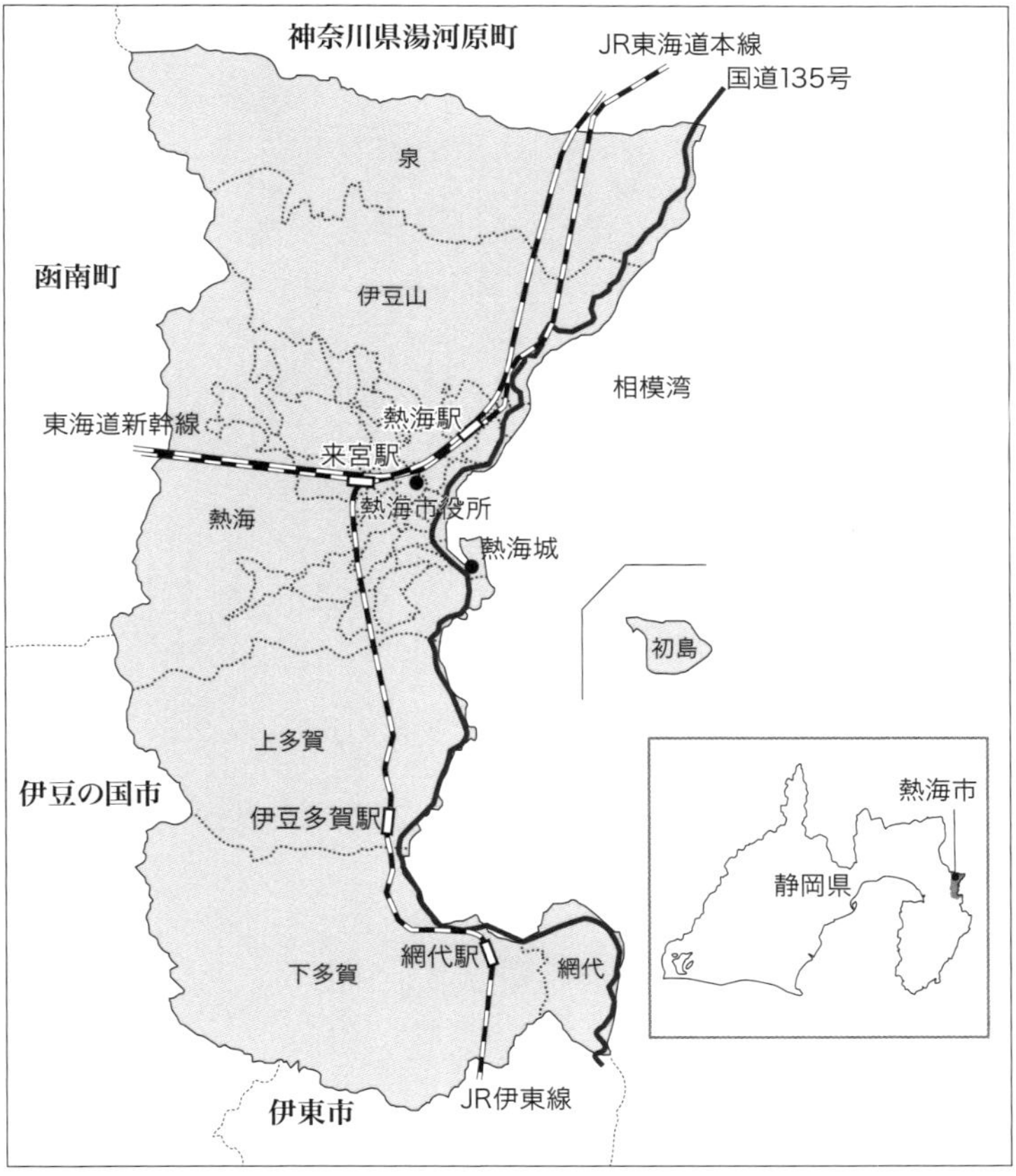

熱海市の概要

総面積61.78k㎡。人口36,927人、世帯数21,609世帯（2019年4月末日現在）。古くから温泉を中心とした観光産業で栄えてきた。国際観光温泉文化都市に指定されている。一方で観光産業の衰退による人口減少などが課題である。

参考資料：熱海市ホームページ　http://www.city.atami.lg.jp/

原点と経験

課題先進都市・熱海

熱海といえば、有名な温泉地。名前を知らない人はいないだろう。

しかし、熱海の高齢化率が四五・五%（二〇一七年四月）であること、二〇〇六年に財政危機宣言を出したことは、知らない人も多い。熱海は課題先進都市なのだ。

熱海は江戸時代から、温泉で知られていた。東京から近いため、徳川家康が保養に訪れたとか、明治の元勲たちが会合に利用したといった歴史もある。

とはいえ、熱海が急激に膨張したのは高度成長期。たくさんの団体旅行客が訪れ、新幹線の停車駅ができ、毎夜のように宴会が開かれた。最盛期には芸妓が一〇〇〇人もいたとか、海岸へ抜ける「熱海銀座通り」の週末は人混みで歩けないほどだったといった逸話が残る。旅館の従業員として、北海道や東北などから多くの人が移住したのもこのころだ。バブル期には別荘やリゾートマンションのブームがあり、不動産価格も高騰した。

しかし、団体旅行や宴会客を相手にしたビジネスモデルは、その後の時代に適合しなくなった。放っておいてもお客が来た時代は去り、九〇年代には旅館やホテルの倒産があいついだうえ、高度成長期に移住した人々の高齢化も進んだ。こうした状況は、税収の低下と財政危機となっても現れている。一言でいえば、高度成長期とバブルの時代に築いた構造が不適合になって苦しんでいるという、日本社会の問題を体現している町の一つだ。

熱海を訪れて驚くのは、坂の多い地形だ。もとは山ぎわの漁村だったのだから当然といえば当然だが、鉄道駅から海までの坂が旅館とお店、マンションなどで埋まり、山のほうもマンションと住宅が林立している。温泉と海に恵まれた風光明媚なところだが、坂道ばかりなので高齢者にはつらいだろう。

副市長の森本要氏に話を聞いた。地方行政にかかわりたいと志望して、経産省から二〇一五年に熱海市に就任した人だ。「生活のクオリティは東京よりずっと上。温泉と海があり、食べ物はおいしく、通勤距離五分の生活です」「地方だと政策を打てば顔が見える範囲で効果がわかるのでやりがいが大きい」とはいうが、いろいろ問題は多い。

「熱海は八六％が第三次産業で、観光の比重が高く、安定した職が少ない。土地がないうえ地価が高いので、若い人が住むところがないのも問題。職業と住居がないと、若い人は出ていかざるをえません。産業を多様化させるのが課題です」

市の産業振興室室長の長谷川智志氏は、こう述べた。

「観光は東日本大震災後のどん底からは回復しつつありますが、今度は人手が足りない。安定した職と住居が少ないので、若い人が少ないからです」

「市の人口が三万七〇〇〇人、約二万世帯ですが、別荘などで定住していない世帯が一万もある。東京から移住して、東京に通い続けている人も多い。観光客向けの店が多いので、市の中心部にスーパーが一軒しかなく、みんな市外に買い物に行ってしまう。別荘の富裕層がお金を使いたいお店も少ない。お金が域内でまわらず、全体がかみあっていないのが問題です」

客観的にみると、温泉は出るし、海もあるし、気候は温暖だし、東京にも近い。ただそうした資源が、高度成長期の観光業の膨張と、バブル期の高地価を生み出したあと、うまく現代に適応していないのが難点なのだ。

「百年後も豊かな暮らしができる街を」

そんな熱海で、森本副市長が「内と外をつなぐゲートキーパー」と呼ぶのが、株式会社machimoriの代表取締役であり、NPO法人atamista代表理事である市来広一郎氏である。

市来氏は一九七九年生まれ。熱海生まれの熱海育ち。実家は銀行の保養宿泊施設で、銀行員だった市来氏のお父さんが運営していたが、一九九九年に閉鎖となった。

「それが二〇歳のときでした。高校のときから旅館やホテルが閉鎖していき、熱海はどうなるんだ、何とかしないと、とは考えていました」

その後、東京の大学院で理論物理学を研究し、外資系コンサルティング会社に就職した。しかし、二〇〇七年に二七歳でUターンを決意する。

「熱海への愛着もあったけれど、日本の現状への閉塞感が大きかった。二四歳のときインドに一か月旅して帰ってきたあと、『日本人の目が死んでいる』と感じてショックだった。インドに比べてあまりにも無機質で、誰も自己主張をしない。この空気をぶち壊したいと思った」

「就職したコンサルティング会社では、心を病んでいく人が多かった。地方は衰退し、東京は心が貧しく、どっちも未来がない。この日本を変えるとなると、僕ができることは熱海からだと思いました。観光地として熱海を再興するというだけでなく、熱海から都会の暮らしを変えたいと思ったんです」

とはいえ、Uターンしても順調に事が運んだわけではない。熱海の活性化をめざしてatamistaを設立し、熱海の地元ならではの情報を発信するポータルサイトやSNSを立ち上げ、移住者と地元の人向けの体験交流ツアー「熱海温泉玉手箱」を企画したものの、しばらくは満足のいく収入にならなかった。

「実家住まいをしながら、塾講師で生活費を稼ぐ極貧生活。『まあ、死ぬことはないだろう』と思っていたけれど、当時の熱海は観光客が減る一方で、なかなか新しいことも出てこない。一時は、このまま何もしなければ、古い体質のまま衰退していく町なのかとさえ思った」

「転機が訪れたのは、Uターンから三年後の二〇一〇年。リノベーションで空き店舗の再生事業をやっている人に出会い、『これだ』と思った。それからmachimoriを立ち上げ、〝熱海銀座通り〟の空き店舗を再生して、カフェやゲストハウスにする事業に取り組んだんです」

1. 二見一輝瑠氏（左）、市来広一郎氏（中央）とともに。昭和の雰囲気漂う「熱海銀座通り」周辺から、いま、新しい風が吹いている。ここ1～2年でかかわる人が増えてきた。新旧、官民など「オール熱海」でのぞむ熱海の再興に、今後も目が離せない。2. 熱海市遠景。三方を山に囲まれた風光明媚な温泉地だ。

3. かつて空き店舗が多かった「熱海銀座通り」もリノベーションで生まれ変わりつつある。4. 街のところどころに湧き出る源泉が温泉情緒をかき立てる。5. 海辺の街には干物屋も多く建ち並ぶ。6. 築約60年のビルの2階をリノベしたコワーキングスペース&シェアオフィス「naedoco」は地域の拠点でもある。

たしかに熱海は、住宅難なのに空き家が多い。市の中心部は、高度成長期に建てられた立派な建物が空き店舗になっていたりする。インタビューをした事務所も、昭和三〇年代に建った土産物店の二階で、ずっと使われていなかったスペースを再生したものだ。リノベーションは熱海には適した活性化策の一つだったといえる。

とはいえゲストハウス事業も、消防などの法的問題をクリアするのに苦労した。リノベーション費用は当初よりかさみ、約四千万円を借入やクラウドファンディング、町の人の出資などで用意し、ようやく二〇一五年にオープンした。

「それまでの試行錯誤期間の活動で、地元の人にも『こいつは本気なんだ』と認められてきていて、いろいろな人が出資したり、助けてくれたりした。熱海市も応援してくれました。ちょうど団塊世代の経営者が交代する時期で、自分と同世代くらいの後継者が町の未来に危機感を持ってきていたことも影響したと思います」

市来氏と一緒にインタビューをした二見一輝瑠《ひかる》氏は、そうした同世代の経営者の一人だ。老舗干物屋「釜鶴」五代目である二見氏は、市来氏とは同学年で、atamistaの設立からかかわってきた。「収支はずっとみていたから、心配したね」と笑っていたが、こうした友人に恵まれたことも幸いだったろう。

苦労のかいあって、老舗旅館よりも気軽な料金で泊まれるゲストハウス「マルヤ」は軌道に乗った。熱海に従来なかったビジネスモデルだったことと、震災後に観光客が復調した流れと重なったことが好作用したのだろう。

いまでは、市来氏は熱海の内外の人々を結ぶキーパーソンとなり、一昨年からは移住者などの創業支援事業も開始した。「だんだん周囲に面白いことをやる人が増えてきた。三〇代後半になって、二〇代の思いがようやく実を結んだ感じです」

成功の理由は何だったのか。熱海への強い愛着、地道な活動が認められたことなどのほか、市来氏は「外での経験」と「原点の言葉」を挙げた。

「コンサルティング会社で培った知識と経験は役に立ちました。会社員時代に各地に出張する機会もあり、その後の熱海での活動に参考にもできたし、なにより熱海の長所を再発見できた。地域で何かしたい人でも、一度は外に出ることを勧めます」

「でもがんばり続けられたのは、〝百年後も豊かな暮らしができる街をつくる〟という言葉が原点にあったから。熱海の暮らしを、一ミリでもよくして、次の世代にバトンタッチしたい。活動のやり方は変わっても、そこは全然ぶれていません。その原点から〝志は高く、一歩目は低く〟と言い聞かせながら、できるチャレンジを一歩ずつやってきた」

起業家に必要なものは、ヴィジョンとスキルだといわれる。明確な目標を持った強い意志が、知識や経験と結びついたとき、人々の信頼を勝ち得る。もっとも、市来氏の話を横で聞いていた二見氏は「ソロバンも大切だぜ」と指摘することを忘れなかった。

原点があることと、経験があること。これらの点は、熱海でお会いした他の人々にも共通し

7

9

8

7.若き副市長、森本要氏と。8.市制施行80周年を記念してまとめられた「熱海温泉誌」。熱海の温泉の歴史がオールカラーで紹介されている。9.河瀬豊氏の介護タクシー「伊豆おはな」で観光したがん患者さんの、生前の思い出を収めたフォトブック。

10.「熱海銀座通り」の空き店舗をシェアテナントとして活用。11.シェア店舗のひとつ、ジェラート専門店「La DOPPIETTA」は熱海の名産「橙(だいだい)」を人気の商品に。12.Iターンした加藤麻衣氏の「QUARTO」は地元の方の憩いの場にも。

ていた。

熱海市の創業支援事業A-biz（熱海市チャレンジ応援センター）のチーフアドバイザーである山﨑浩平氏は、オリエンタルランドやギャップジャパンといったグローバル企業の部門長などを務めたあと、日本のよさを再発見し、地域に貢献したいとIターンで赴任した。

沼津と熱海に店舗を持つ有機農産物ネットワークREFSを経営する小松浩二氏は、学生時代に世界を旅して「食」の大切さに開眼したあと、食品会社で流通を学んでUターンした。

イタリアンバール「QUARTO」を「熱海銀座通り」に開業した加藤麻衣氏は、学生時代から自分のバールを開きたいと考え、コーヒー豆焙煎会社で約一〇年間にわたり知見を蓄えたあと、熱海にIターンしてきた。「入社三年目に、まちづくりを学ぶプログラムに参加し、市来さんと出会い、熱海とのつながりができました。独立開業を決めてからは市来さんのゲストハウスに月一で泊まり、熱海の方々との交流も広げ、移住を決意しました」という。市来氏の活動は、いまではこうした人を熱海に集める触媒にもなっているようだ。

「こころのバリアフリー」を広げる

市来氏のような若い世代だけではなく、熟年世代の移住者で事業を始めた人がいる。介護タクシー「伊豆おはな」を起業した河瀬豊・河瀬愛美ご夫妻だ。

河瀬豊氏は一九七〇年生まれの四八歳。東京生まれの東京育ちで、人材派遣会社の営業統括をしていた。二〇一一年八月、熱海に中古マンションを買ったのが、熱海に縁ができたきっかけである。「夫婦二人とも海が好きで、週末に海の近くで過ごせればいいな、というくらいの気持ちでした」と豊氏は語った。

それから一年は、週末だけ熱海で過ごしていた。転機になったのは、市来氏が交流の場として運営していたカフェに行ったことである。「市来さんや二見さんと話をして、自分も熱海で仕事をしたくなった。コンビニや移動パン屋も考えましたが、観光客目線から地元民目線になると町の課題もみえてきた」

そんなとき町で目にしたのが、坂道の多い熱海で苦労している高齢者だった。前述のように、熱海の高齢化率はおよそ四六%。高度成長期に人口が膨張した熱海は、かつて旅館業で働いていた貧しい高齢者や、エレベーターがない団地に住むお年寄りも多い。

そこで起業したのが介護タクシーである。「決意したのは二〇一二年一二月。看護師の妻はすぐ賛成してくれた。会社に辞めると宣言して、三か月間引継ぎをし、熱海のマンションに完全移住。失業保険で食べながら準備して、二〇一三年のクリスマスイブに開業しました」

準備の一年は、まさに大車輪だった。タクシーに必要な第二種免許を取得し、ヘルパーの資格をとり、介護の研修を積み、横浜を訪ねて介護タクシー開業の経緯を聞いた。介護保険を適用できるタクシーにするため、法人格を取得し、県の許認可も得なければならなかった。「貧しい高齢者が多い町です。介護保険が使えないと、気軽に利用することもできません」

13.ゲストハウス「マルヤ」の前で、市来広一郎氏（左）、二見一輝瑠氏（右）と。14.熱海市チャレンジ応援センター「A-biz」や、創業支援プログラム「99℃」など、各種支援プログラムが充実している。15.A-bizチーフアドバイザーの山﨑浩平氏。

16.夕暮れ時の熱海市内。坂道に店舗や旅館が林立する。17.河瀬豊氏の運転する介護タクシーで熱海駅まで送ってもらった。18.看護師の妻、愛美氏と河瀬氏。力を合わせ、忙しくも充実した日々を過ごす。

一年でこれだけの準備をした有能さはすごい。会社時代は有能な営業統括者だったのだろう。そしてそんな河瀬氏が、苦労の多い介護タクシーをやろうと思った原点は、幼いときの体験だった。

「一〇歳のときに高温のお風呂に落ちて緊急搬送された。全身七〇％もの大やけどを負い、二か月も集中治療室で点滴と輸血を受けていた。その経験から、体の自由がきかない人の気持ちがよくわかる。そして、自分の命が助かったのは、この世でやるべきことがあったからだとずっと考えていた。東京なら介護タクシーをやる若い人がいるけれど、熱海は自分たちしかいない。困っている人がいるなら、移住して助けるべきだと思ったんです」

ここでもやはり、原点としての思いが、業務を通じた経験と結びついていることがわかる。

開業後のニーズの多さは予想外なほどだった。二〇一六年には市の条例を改正してもらい、患者搬送の認定をうけ、酸素吸入などは車内でできるようになった。愛美さんも二種免許を取得し、二人は熱海市に欠かせない存在になった。

「朝七時から夕方六時くらいまで、通院とか透析とかの人の搬送。夜も電話がかかってくることが多い。日曜は定休ですが、事務仕事をしたりするので、実質的に休みは月に二日。気楽な週末移住のつもりが、海に行く時間もありません（笑）」

「大変は大変ですが、困っている人の笑顔がいちばんのモチベーション。東京の会社では、通勤電車に揺られて、一日中ＰＣを見ているロボットみたいな生活だった。いまは、僕らにしかできないことをやっているという実感があります」

今後に伸ばしたい事業は、介護タクシーを利用した観光だということだった。高齢者や身障者などに、人生の思い出を作ってもらう手伝いである。

「余命半年のがん患者の女性とか、脊髄損傷した会社経営者が、私たちの車で熱海や伊豆を観光し、すごく喜んでくれました。身障者だけれどバリアフリーホテルではなく、熱海の老舗旅館に一度泊まってみたいという人もいる。ホテルの送迎バスは車いすの人は乗れません。二〇二〇年にはパラリンピックもあり、これから需要がある分野。〝こころのバリアフリー〟を広げていきたいと思っています」

原点になる強い思いと、それを実現させる経験と知恵。熱海には、それらを備えた若い世代と熟年世代の移住者たちがいる。高度成長とバブルの後遺症に苦しむ日本にブレイクスルーを創り出すヒントは、こうした活動のなかにありそうだ。

19.熱海を変えるための公開会議「ATAMI2030会議」の2016年度のファイナルにて（写真提供：atamisata）。20.熱海市内を案内してくれた熱海市役所の長谷川智志氏と。21.野菜のセレクトショップ「REFS」熱海店で、接客に追われる小松浩二氏。

熱海で会ったみなさん（プロフィールは取材当時のもの）

熱海市役所観光建設部
観光経済課産業振興室室長
長谷川 智志さん
Hasegawa Satoshi

1974年熱海市生まれ。1993年熱海市役所入庁。熱海の魅力ある人とコンテンツを活用する熱海型リノベーションまちづくりを公民連携で取り組む。

caffè bar QUARTO 店主
加藤 麻衣さん
Kato Mai

1984年横浜市生まれ。都内でコーヒー豆メーカーの企画開発部門に勤務後、2016年度熱海市創業支援プログラム「99℃」を経て、2017年イタリアンバール「QUARTO」を開業。

株式会社釜鶴 代表取締役
二見 一輝瑠さん
Futami Hikaru

1978年熱海市生まれ。創業約150年の老舗干物屋「釜鶴」5代目社長。NPO法人atamista理事、株式会社 machimoriの取締役。地域づくりに取り組む。

REFS
小松 浩二さん
Komatsu Koji

1979年沼津市生まれ。学生時代に1年間ユーラシアを旅したのち、東京で食品バイヤーに。2009年に沼津で八百屋「REFS」を起業、2015年に熱海店をオープン。

熱海市副市長
森本 要さん
Morimoto Kaname

1979年千葉生まれ。2003年に経済産業省入省。中小企業庁や資源エネルギー庁を経て、地方自治の現場を希望して2015年より現職。

熱海市チャレンジ応援センター
チーフアドバイザー
山﨑 浩平さん
Yamazaki Kohei

1974年東京都品川区生まれ。早稲田大学政経学部卒業後、オリエンタルランド、ギャップジャパンを経て、市が公募した224人の応募者から選出され、2017年より勤務。

NPO法人atamista代表理事
株式会社machimori代表取締役
市来 広一郎さん
Ichiki Koichiro

1979年熱海市生まれ。東京都立大学大学院理学研究科（物理学）修了、3か月の海外放浪後、ビジネスコンサルティング会社に就職。2007年熱海市にUターン。

株式会社伊豆おはな 代表取締役
河瀬 豊さん
Kawase Yutaka

1970年東京都豊島区生まれ。東京で人材派遣会社の営業統括をしながら海の見える暮らしを求め、2011年より二拠点居住。2013年に完全移住し、開業。

株式会社伊豆おはな 取締役
河瀬 愛美さん
Kawase Aimi

1976年横浜市生まれ。大学病院やがん専門病院などでの看護師の経験を生かし、2013年に夫とともに完全移住し、開業。「キャンナス」熱海代表。

05

宮城県石巻市

いくつもの町を合併した広域市である石巻。状況はそれぞれの地域で異なるが、二〇一一年の東日本大震災による津波は、おおい隠されていた課題をそれぞれに露呈させた。災害は時計を二〇年進めたともいわれ、人口流出と高齢化は一気に加速している。

だが災害は、旧来の秩序をゆるがし、多くのボランティアや移住者を呼びこむ契機ともなった。地元の人々からも、災いをチャンスに変えようとする動きも現れた。こうした動向を、市内の地域にわけて二回にわたり報告する。

二〇一七年三月六日・七日取材

石巻市MAP

石巻市の概要

総面積554.59㎢。人口143,578人、世帯数61,512世帯（2019年4月末日現在）。宮城県北東部に位置する。漁業のまちとして栄え、さらに工業都市としても発展した。2011年3月の東日本大震災で大きな被害を受けた。

参考資料：石巻市ホームページ　https://www.city.ishinomaki.lg.jp/

「災害ユートピア」のあとで（石巻市・前編）

地区によって異なる「石巻」

二〇一一年の東日本大震災で被災した宮城県石巻市。震災から七年を期して、ここを訪れた。「石巻市」ができたのは一九三三年。その後、一九五五年から一九六七年に、周辺の二村二町を合併した。さらに二〇〇五年の「平成の大合併」で周辺の六町を合併し、人口約一六万の広域市となった。

こうして誕生した石巻市は、まったく性格が異なる複数の地域を含んでいる。

市庁舎とJR石巻駅がある中心部は、宮城県で仙台に次ぐ港町だった。一七世紀に慶長遣欧使節団をスペインに送った仙台藩主の伊達政宗が、メキシコとの貿易を念頭に国際貿易港として整備したのが、石巻港の始まりとされる。江戸時代には北上川の水運を使ってコメを大都市に送る貿易で栄え、明治以後は遠洋漁業港および工業港となり、製紙や水産加工などの産業が発展した。

つまり石巻中心街は港町で、魚や工業製品などをあつかう商人たちが中核だった。バブル景気の時期はいくつものデパートがあり、ファッションや流行の中心地として仙台をしのぐほどであったともいう。

かたや二〇〇五年に合併された牡鹿町《おしかちょう》や雄勝町《おがつちょう》には、漁民が多かった。とくに牡鹿半島の漁村は、小さな入江にある数十戸の集落が多い。一つ一つの漁村は山に囲まれた入江にあり、隣の集落に行くのも容易でない。まして石巻中心部は、いまでも自動車で一時間以上はかかり、漁民にとっては「魚を売りに行く市場があるところ」だった。

一方で、やはり二〇〇五年に合併された北上町や河北町には、北上川沿いに水田が広がり、コメや野菜を作る農村が点在している。その生活や気風は、半島部の漁民たちや、中心街の商人たちとは、かなり違うものだ。

さらに一九五五年に合併された蛇田村《へびたむら》は、いまでは新興住宅地となっている。鉄道と三陸自動車道が通っており、仙台の通勤圏内だ。やがてこの蛇田地区にロードサイド型のモールが発展し、石巻中心部のデパートが二〇〇〇年代後半に撤退していったのと対照的に、石巻の新しい中心となっていった。住人の中心は、子育て世代の勤め人といえる。

このように、一口に石巻市といっても、地区によって産業も住民もまったく違う。東京と一口にいっても、銀座と檜原《ひのはら》と町田ではまったく違うが、それと同じことだ。

震災は時計を二〇年進めた

それでは、これらの地区は、東日本大震災によってどう影響を受けたのだろうか。

まず石巻中心部は、港に近い水産加工場などが津波で流され、商業地区が汚水と泥をかぶった。震災後に多数のボランティアが集まり、汚泥の清掃などに活躍したのはこの中心部である。住民たちは、汚泥が片づくまで、仮設住宅で暮らすことになった。

牡鹿半島の小さな漁村、あるいは旧雄勝町の湾岸は、津波に直撃された。波をかぶった地域は災害危険区域に指定され、住宅を高台に移転させて巨大な防潮堤を建設するまで、住宅再建ができないことになった。

ところが、当初は二〇一三年には終わるといわれた防潮堤と高台移転は、現在もまだ工事中のところが多い。住民は何年もの仮設住宅住まいを余儀なくされ、仕事の再建もままならず、他の都市に出ていくことになった。残ったのは、あくまで故郷に帰りたいという高齢者が中心だった。

巨大な防潮堤を建設中の旧雄勝町は、住民の約八割が戻らない予定だ。わずかな人しか住まない予定の場所に、何百億円もかけて建設されている巨大な防潮堤をみると、何のための工事か疑いたくなる。牡鹿半島の漁村では、これほどの巨大工事は行われていないが、漁師たちは高台の新しい住宅地に移るか、漁村から出ていくことになった。

北上町などの農村地帯は、北上川を遡上した波に襲われ、有名な大川小学校の悲劇などがおきた。しかし相対的には被害は少なく、農村の風景を保っている。震災後の変化を示しているのは、他の地区から移ってきた被災者たちの仮設住宅や集団移転住宅が目立つことだ。

かたや内陸の蛇田地区は、地震の被害はあったものの、津波はやってこなかった。住宅を流された他の地区の住民は、この蛇田地区に移住し、新しく住宅を建てた人が多かった。石巻市は震災前に比べて人口が九％減っているが、蛇田地区は人口が増えている。逆にいえば、石巻市からの人口流出と並行して、石巻市内部での人口移動がおきたのだ。

この変化を一言でいえば、震災前から進んでいたトレンドが、震災によって加速したということができる。駅前商店街がさびれ、漁村での人口流出と高齢化が進み、街道沿いのモールと郊外住宅地に人が集まる。こうしたトレンドは、石巻でも震災前から進んでいた。震災は、このトレンドを、二〇年ほど一気に加速したのである。

この三月の訪問でお会いした人々は、それぞれの地区で、それぞれの事情を反映した活動をしていた。前編と後編で、こうした人々と、その活動を紹介したい。

産業復興の困難

石巻中心街は、震災後に多くのボランティアや支援団体が訪れた。津波被災地のなかでは東京から比較的近かったこともその一因だ。

じつは私も、震災直後の四月に石巻を訪れている。当時は一帯ががれきと汚泥で埋まり、緊急支援物資の配給が行われていた。

そのとき私は、丘にある公園に立って、あたりを見渡した。海に近い低地が水産加工や製紙などの産業地帯で、その内陸に中心街の商業地帯が広がっているのがみえた。そのとき私は、産業

1.ISHINOMAKI2.0が手がけるオープンシェアオフィス「IRORI石巻」の前で。左から矢口龍太氏、松村豪太氏、右端は雁部隆寿氏。老若男女さまざまな人たちがさまざまな使い方をしながら、未来への思いを紡ぐ場になっている。

2.「IRORI石巻」の内部。元はガレージだったスペースを、石巻工房と家具メーカー、ハーマンミラーの職人たちが協力してリノベーションした。3.石巻で最初の百貨店として建てられた「旧観慶丸商店」。スペイン瓦や丸窓が施され、木造建築とは思えない外観だ。港町石巻の繁栄の象徴として市民に親しまれてきた。4.右端が「ピースボートセンターいしのまき」の山元崇央氏、左端が同じく田山圭子氏、右から2人目が株式会社「街づくりまんぼう」の苅谷智大氏。同じフロアに入居している事務所前で。

地帯が復興しないかぎり、商業地帯は「根のない花」になるだろうと思った。働く場所がないのに、商店だけがあっても、立ちゆかないと考えたからである。

その後、がれきや汚泥は、ボランティアの手で片づいた。しかし産業の復興は容易でなかった。水産加工会社ヤマトミの千葉雅俊氏は、こう語った。

「サバを中心とした水産加工品をスーパーの総菜などに卸していたのですが、社屋も加工場もぜんぶ流されてしまいました。命は助かったけれど、残ったのは借金と、がれきで埋まった土地だけ。なんとか翌年の四月から復帰しましたが、一年のブランクのあいだに、もとの顧客は他の業者から仕入れるようになって、ほとんど戻らなかった。問屋を通して卸していたので、顧客と直接のつながりがなかったからです。いいものを作っていても、業務用に卸していたから、わが社の名前では知られていなかった」

「こうなったら、消費者と直接につながるしかないと考えた。しかしそういう商品開発をするブランド化やパッケージ化のノウハウも、販路もなかった。一社でやるのは限界があるので、地元の一〇社で『石巻うまいもの発信協議会』を作り、直営店もオープンしました。お客の反応を直接に知るには、お店をやるのがいちばんいいからです。一〇社で協同すれば、直営店を持つリスクも下がります」

「じつはそれまでは、お互い他社のことをよく知らなかった。同じ業界でも競争相手だから、ノウハウの共有もなかった。それが震災以後は、協同事業の準備をしたり、飲み会を重ねたりで、つながりができました」

窮地を脱するために協同する必要があったというわけだが、それを契機に、地域のことが以前より目に入ってきたという。

「いまは石巻の人たちも商店街ではなく、蛇田のモールで買い物してしまう。じつは私もそうで、駅前の商店街のことは『車も止められないし、シャッター街だ』と思っていた。しかしそこに自分たちが直営店を持つと、街の活性化をやらなければという責任感が出てきた。地域とのつながりができたことも、かつてと変わったことです」

そうはいっても、駅前商店街は、にぎわっているとはいいがたい。すでに述べたように、震災前からのトレンドが、震災で加速したのが現状だ。汚泥やがれきを取り除いても、ボランティアたちの姿が見えなくなったぶん、震災直後よりも閑散とした印象が残ってしまう。

「これって革命だよ」

震災後から中心街で活動してきた人々は、何を考えているのだろうか。一般社団法人ISHINOMAKI2.0の代表である松村豪太氏に話を聞いた。

ISHINOMAKI2.0は、二〇一一年五月に立ち上げられた。〝世界でいちばん面白い街を作ろう〟というコンセプトのもと、復興バーの運営、カフェの設立、ラジオ放送、『石巻経済新聞』の発刊、「ISHINOMAKI金曜映画館」や「石巻２．０不動産」の企画など、つぎつぎと新機軸

5. 豊かな山の栄養分を含んだ牡鹿の海は、カキ養殖の最適地だ。

6.雄勝地区に建設中の高さ9.7ｍの防潮堤はまるで万里の長城のようだ。ここに日常が戻るのはいつになるだろうか。7・8.復興住宅の1階に2016年11月にオープンしたテナント「石巻ASATTE」内に直営店「うまいものマルシェ」を出店。ヤマトミを含めた地域の食品流通業者10社が手を携え、互いの強みを生かしたコラボ商品を製造・販売する。

を打ち出した。東京の企業などとの提携も多く、日本デザイン振興会のグッドデザイン賞、ふるさとづくり大賞総務大臣賞などにも輝いている。

その代表である松村氏は、「不謹慎に聞こえるかもしれませんが、震災直後はある意味、わくわくしていた。いまはちょっと停滞ぎみ」という。

「大学院で法哲学を研究したものの、ほとんどニート状態で、故郷の石巻でバーテンダーやDJをやりながらくすぶっていた。そこに震災があり、浸水した自宅や近所の泥かきの様子をブログにアップしたら、どんどんアクセスがきた。そしてボランティアにむけて『××地区が困っているから行ってくれ』とか返信しているうちに、どんどん輪が広がった。自分は必要とされている、人を助けることができる、と実感できました」

「そのうち、石巻にやってきた建築や都市計画、アートなどの人たちとつながった。地元からも面白い人が集まり、電気も止まって廃墟同然になった街で、泥の中から拾い出したお酒を酌み交わし、闇鍋を囲みながら夜通し話しあいました。そこからISHINOMAKI2.0が始まったんです。それまで地域のしがらみがあったりして、やろうと思ってもできなかったことが、震災を機にどんどんできるようになった。あるときメンバーの一人が『これって革命だよ』と言ったのをよく覚えています」

「被災地って、深刻な顔をしているだけじゃない。崩れそうな場所で一心不乱にギターをかき鳴らしているおじさんがいたり、DJパーティや炊き出しがあったりした。僕も大切な人を失くしたけれど、そういう非日常を、地域の年長者もある意味で楽しんでいたと思います。商店街の電気が復旧したときは、地域の人がちょっと残念そうにもみえた」

「町の年長者が僕らの活動を完全に理解していたとは思わないけれど、応援してくれました。若い人が動いているのが、年配の人はうれしかったんだと思います。震災前はつまらないと決めつけていた年長者が、若者よりパワフルだと発見したりもした。石巻は港町だし、遠洋漁業の人はいろいろな国に行って知見も広いですよ」

災害の直後は、既存の秩序が崩れ、人々の助け合い意識が高まる。これを学問的には「災害ユートピア」という。しかし、その期間は長くは続かない。

「工場を誘致して、他の土地から人口を奪うような街づくりではなく、変な人、面白い人を誘致し、面白い町にする。そういう街づくりのプロトタイプを作って、広めたいと思っていました。この町を、ひいては日本を、自分が動いて変えられるんじゃないか、と。でも、最近はちょっとしんどい（笑）。いまの石巻の現状には、正直むなしさや力不足も感じます」

「ISHINOMAKI2.0も補助金をもらって行政と協調し、スタッフも増え、守るものが増えてしまった。不満だらけのニートだった昔の自分から見たら、数年前の自分は『よくがんばっている』だったと思う。けど、いまは『それでいいのか』ですね」

「頭脳流入」の好機を活かせるか

それでも松村氏は、「面白い人」を誘致するべく、新機軸を打ち出し続けた。石巻市の委託を

9.金華山頂上から牡鹿半島、網地島を望む。10.株式会社ヤマトミの千葉雅俊社長と。震災の津波で工場は全壊し、商品原料が流出するなど多大な損害を受けたが、一歩ずつ再建への歩みを進めてきた。11.IRORI+Cafeで。地元の方がコーヒーを飲みながら、スタッフと言葉を交わすのは日常の風景だ。

うけて始めた「移住コンシェルジュ」プロジェクトもその一つだ。

移住コンシェルジュを務めていたのは、雁部《がんべ》隆寿《たかし》氏と矢口龍太氏の二人。雁部氏は仙台のテレビ番組制作会社に勤務していた。矢口氏は東京の演劇生活から、Ｕターンした。松村氏の活動に出会ったことが、彼らの石巻での活動の背景にもなっている。「震災後は、移住者と地元民が交じり合った面白いコミュニティができ、街が刺激的になった」と彼らは語った。

たしかに石巻中心街には、震災後に多士《たし》済々《さいさい》が移住した。取材で会った人だけでも、都市計画で博士号を取得した苅谷智大《ともひろ》氏、オーストラリア留学をはじめ国際経験が豊かな山元崇央《たかお》氏などがいた。苅谷氏は仮設型商業施設「橋通りコモン」の運営をはじめとした街づくり、山元氏は漁村で働くボランティアをマッチングする「イマ、ココプロジェクト」などの支援事業に取り組んできた。

そのほかにも、建築家、アーティスト、研究者などや、各種のＮＰＯが震災後の石巻にやってきた。いまの地方は、人口の数量的な減少もさることながら、学歴が高かったり新機軸を打ち出したりする高度な人材が失われてしまう「頭脳流出」に悩まされている。逆に震災後の石巻は、恵まれすぎといえるほどの高度な人材の「頭脳流入」があったのだ。

だが、そんな彼らからも、「こんなに面白い人たちがいるのに、いろんな活動がうまくつながっていない」という声を聞いた。理由の一つは、石巻市の行政や地元有力者に、硬直的な傾向があることだ。せっかく移住者やＵターン者たちが新しい企画を出しても、市の行政からは「まず上司に聞いてみてから」といった対応があったりするという。

石巻市は、合併で大きくなった広域市である。行政職員には、被災したり家族を失ったりした人も多かった。マンパワーが不足した状態で、手に余るほどの広域市をカバーし、まったく未経験の災害対応や復興業務に追われていた。それは理解できるが、多くの人材が流入していた千載一遇のチャンスを、旧態依然の対応でみすみす逃していた傾向もあったのではないか。

だがもはや、震災復興の予算は削減にむかい、NPOへの寄付や助成金も減った。震災後に入ってきたNPOや移住者のうち、かなりの部分はすでに石巻を去った。

それでも石巻は、ボランティアや支援団体の流入が群を抜いていただけに、他の三陸被災地よりましなほうだ。水産会社ヤマトミの千葉氏は、「震災後に移住した若い人が街なかに残っているのは石巻くらいだと聞いている。そういう人がいられる街にしないといけない。これまでの惰性でやっていたのでは続かない」と述べた。こうした理解が、行政や町全体に広がっていかなければ、石巻の未来は危ぶまれる。

ISHINOMAKI2.0の松村氏は、「震災から五年くらいは、僕も街もドーピングをうけていた。これからが正念場です」と語った。彼らは二〇一八年から、市の指定文化財である八〇年前の洋風木造建築の「旧観慶丸商店」の指定管理をまかされた。この新しい拠点を活用して彼らがどこまで可能性を広げられるか、それを石巻の人々がどこまで応援できるか、それがとりあえずの試金石になりそうだ。

石巻市で会ったみなさん（前編）（プロフィールは取材当時のもの）

一般社団法人ISHINOMAKI2.0
代表理事
松村 豪太さん
Matsumura Gota

1974年宮城県石巻市生まれ。東北大学で憲法専攻。大学院修了後、バーテンダーやスポーツを通じたまちづくり活動を経てISHINOMAKI2.0代表理事。総務省地域力創造アドバイザー。

石巻まちのコンシェルジュ
矢口 龍太さん
Yaguchi Ryuta

1983年宮城県石巻市生まれ。ISHINOMAKI 2.0所属。ライターの仕事をしながら、東京と石巻の二拠点で劇作活動を行う。2017年に石巻市にUターンし、石巻まちのコンシェルジュに。

株式会社街づくりまんぼう
苅谷 智大さん
Kariya Tomohiro

1985年愛知県名古屋市生まれ。震災時は東北大学大学院で都市計画を研究。2011年4月に石巻市を訪れ、約2年後に石巻市にIターンし、株式会社街づくりまんぼう勤務。

株式会社ヤマトミ代表取締役
千葉 雅俊さん
Chiba Masatoshi

1952年宮城県石巻市生まれ。震災で全壊した工場を1年後に復旧させた。食に携わる地元企業10社で立ち上げた「石巻うまいもの株式会社」の初代社長で現会長。

石巻まちのコンシェルジュ
雁部 隆寿さん
Ganbe Takashi

1978年宮城県石巻市生まれ。ISHINOMAKI 2.0所属。仙台のテレビ番組制作会社勤務、石巻市街でのアパレルショップ経営を経て2016年より石巻まちのコンシェルジュ。

一般社団法人ピースボート
センターいしのまき 代表理事
山元 崇央さん
Yamamoto Takao

1975年北海道札幌市生まれ。大学卒業後、豪州へのワーキングホリデーやアジアの旅を経てピースボートのスタッフとして海外経験を積む。2012年石巻市にIターン。

災害が開いた扉（石巻市・後編）

前編に述べたように、現在の石巻市は、二〇〇五年の「平成の大合併」で一市六町が集まった広域市である。そのため旧石巻市の中心街のほかに、漁村や農村、新興住宅地など、さまざまな地域が存在する。前編は中心街での活動を紹介したが、後編はそれ以外の地域の活動をみてみたい。

漁村への移住

「平成の大合併」で石巻市の一部になった牡鹿半島は、典型的な三陸の漁村地帯だ。曲がりくねった海岸線に小さな入り江が数多くあり、その入り江の一つ一つに数十戸の漁村がある。もちろん全員が顔見知りで、人間関係も濃密だ。昔は遠洋漁業なども盛んだったが、いまはホタテやカキ、ワカメの養殖が中心である。

そんな漁村も、東日本大震災を機に二つの現象が進んだ。一つは、人口減少が加速したこと。もう一つは、ボランティアや移住者の受入れだ。前編にも登場した一般社団法人「ピースボートセンターいしのまき」（ＰＢＩ）の山元崇央氏は、こう語った。

「養殖のワカメやカキは、収穫期に集中して人手が要《い》る。震災を機に人口が減ってしまい、人手不足が深刻化した。そこから、以前は外部のボランティアなんか受入れたことがない漁村が、人を受入れるようになった」

前編に書いたように、津波に直撃された土地は災害危険区域に指定された。以前より高い防潮堤を造ったあとでなければ、住宅を建てることができない。あるいは、近くの高台に新たに土地を造成し、そこに移ることになる。ところが、防潮堤建設や高台造成には何年もかかり、それを待ちきれない住民は集落を出ていくことになった。震災が人口減少を加速したのは、そのためである。

しかし反面、震災を機会に、支援団体など外部との交流が増えた。山元氏は、働きながら漁村の暮らしを体験したい人を、働き手がほしい漁民とマッチングする活動を二〇一二年末から行ってきた。

支援を通じて、石巻にやってきた人は多い。牡鹿半島の漁村に移住し、一般社団法人「おしかリンク」を立ち上げた犬塚恵介氏もその一人だ。

一九八四年生まれの犬塚氏は、二級建築士の資格を持つ。震災時は、名古屋市の建築事務所で働いていた。自分ができる支援方法を探して、建築家のネットワーク「アーキエイド」にたどりつく。

その当時、建築家たちは、巨大建築事業が中心の復興計画に疑問を抱いていた。震災復興と幹線道路建設が抱き合わせになっていたり、集落の規模に見あわない巨大な防潮堤を建設する計画などが多かったりしたからだ。そのうえ、住民は図面で説明されても計画をよく理解できず、未経験の行政職員も十分に対応できないでいた。犬塚氏が参加した「アーキエイド」は、そうした状況に対し、現地に足しげく通い奮闘する建築家のネットワークだったのだ。

犬塚氏は震災から一年たった二〇一二年八月、建築事務所をやめ、アーキエイドから派遣されて牡鹿半島にやってきた。退職金と失業保険を計算し、使える時間は三か月と考え、その期間だけのボランティアのつもりだった。

「ところが、自分が思った以上に復興が進んでいない。復興計画にも問題が多かった。しかしそうはいっても、外からやってきただけの人間が、地元の生活もよくわからずにどうこう言っていいのか、疑問に感じてしまいました」

こうして、三か月ではすまなくなった。犬塚氏は仙台でアーキエイドの事務職をしながら、アーキエイドが借りていた牡鹿の空き家に、仙台から週末移住をするようになる。地元との関係を深めていったあと、二〇一五年二月に「おしかリンク」を設立し、本格的に移住した。

それからあとは、ともに移住したパートナーと一緒に、さまざまな試みを企画した。たとえば、牡鹿半島を体験する観光プログラムを行う。空き民家をリノベーションして、コミュニティスペース兼宿泊所にする。そのほか、漁村の空き店舗を共同で運営したり、山林から採取した樹液で、メープルシロップの商品化に向けて試作したりした。

これらの事業は、どれか一つで生活していけるような定収入を得ることを狙ったものではない。建築士なので、図面を引く仕事を受注すれば、ベース収入は何とかなった。事業の一つ一つは小さくても、確実に採算をとりながら、総合的にネットワークを広げていく。そうやって牡鹿と他の地域をつなぎ、さらには牡鹿の漁村どうしをつなぐことを考えていたのだ。

じつは、漁村どうしは山で隔てられていて、意外と出会う場がない。石巻の市街地に住んでいる子どもは、牡鹿に来たことがない子も多い。漁村の暮らしは、東京や名古屋の人だけではなく、石巻の他の地域の人にとっても新鮮だったりする。「それらをつなぐと、新しいことがおきる。移住者や来訪者の影響で、漁民のなかにも、六次産業化をやりたいとか、海産物のパッケージを作りたいという人が増えてきた」という。

震災は不幸だったが、それがなければありえなかった交流も生まれた。山元氏や犬塚氏は、そこから地域に新しい変化を作ろうとしているのだ。

新興住宅地で子育て支援

一方で、震災で人口が増えたのが、内陸の新興住宅地である蛇田地区だ。海沿いの津波被災者が、この新興住宅地に移り住んだからである。

街道沿いのショッピングモールを中心としたこの地域は、地域の人間関係が濃密な漁村や農村とは違った困難がある。その一つが、新興住宅地に住む母親の孤立だ。そうした母親どうし

1. 津波で甚大な被害を受けた牡鹿半島荻浜地区の漁港も再建された。

2. 木製のマグカップ「ククサ」は、「おしかリンク」のワークショップでの作品。メープルシロップで六次産業化もめざす。3.PBIの「イマ、ココプロジェクト」は7日間から参加できる漁村留学。漁民とともに汗を流し、学び、楽しみながら交流を深める。参加をきっかけに漁村の男性と結婚し、定住するケースも。写真の女性もそのうちのひとり。いまや一児の母だ（写真提供：ピースボートセンターいしのまき）。4. 古民家を自分たちの手でリノベーションした「おしかリンク」の拠点には市内外から人が集まる。5. 歌を歌いながらベビーマッサージ。孤立しがちなママにとって、子連れで集える「ベビースマイル」の存在は大切だ（写真提供：ベビースマイル）。

が、子どもを連れて交流を深める場が必要になる。

荒木裕美氏は、NPOベビースマイル石巻の代表理事で、蛇田地区に「子育てひろばスマイル」を二〇一五年九月にオープンした。結婚を機に仙台から石巻に移住した三児の母親だ。

かつての荒木氏は、母親たちが自主的にやっていた交流活動に参加していたほかは、これといった活動をしていなかった。ところが震災が、そうした荒木氏を変えた。

「お母さんたちの活動に積極的だったママ友が、津波の犠牲になってしまったんです。とてもショックで、その方だったら、震災後のいま何をやるだろうかと考えた。その当時はいろいろ支援があったけれど、妊産婦や母親のニーズをすくいあげる活動がなかった。これはもう、私がやるしかないと思った」

当時の荒木氏は二歳の子どもがあり、そのうえ八か月の身重。まずは夫を説得して（一日に二〇回ほど「パパ、やるならいまだと思う」と言い続けたという）、震災の年の六月には場所を借りて交流サロンを開始。これを継続しているうちに、被災地の子育て支援活動として注目を集め、助成金を得て「子育てひろばスマイル」の新築・開業にまでこぎつけた。それまでの四年あまりは「ほとんど寝なかった」という。やがて多くの親子が集まり、人も雇い、地域の交流や遊戯や体操の場として欠かせない存在になった。

この活動は、災害復興というよりは、地域の子育て支援活動だ。とはいえ荒木氏は、「震災がなければ、こういう活動は進まなかった」と断言した。

「以前は、子育て中のお母さんの声を、地域の偉い人に聞いてもらえるムードはなかった。ところが震災で、上下関係やしがらみが崩れ、お互いに助けあう機運が出てきた。そのうち私も市の委員会とかに招かれるようになって、いまでは市の行政も、いろいろな委員会に〝お母さん枠〟を設けるようになりました」

「もう一つ、震災で支援のNPOがたくさん石巻に来たことが、地域の刺激になった。私も支援に来たいろいろな団体をみて、自分も団体を作ろうと考えた。自分の活動がこんなに大きくなるなんて、考えてもいなかったけれど」

ここでも震災が「国内異文化交流」を促進し、新しい機運を生むきっかけになったことがわかる。とはいえ荒木氏は、「いまは、古い上下関係がもどってきているのが気になる」と語ったのだが。

農村の「コミュニティ図書館」

石巻のもう一つの顔は、旧北上町や旧河北町の農村地帯だ。入り組んだ海岸線に狭い漁村が連なる牡鹿半島とは対照的に、北上川に沿って広々とした畑や水田が広がる。今回の石巻訪問では、この地域の二つの活動を訪ねた。

高橋由佳氏は、旧北上町にあった築一二〇年の古民家を二〇一六年にリノベーションし、農村での宿泊と有機農業を体験する「イシノマキ・ファーム」を運営している。かつてはオート

6.本棚に囲まれた「川の上・百俵館」のコミュニティスペースにて。完成までのプロセスを重視して作られ、旧住民と震災後に集団移転してきた新住民とをつなぐ役割を担っている。左から4人目が「石巻・川の上プロジェクト」理事の三浦秀之氏、右から2人目が「コメ・カフェ」の高橋信子氏。この日は「雄勝町の雄勝地区を考える会」発起人の阿部晃成氏（右から4人目）と復興インターン生２名（左端の2人）も訪れていた。現在、教育・継承を目的とした「耕人館」と「たねもみ広場」のオープンに向けて準備中だ。地域でともに暮らす人々をつなぐ拠点として、今後も大いに期待される。

7・8.「イシノマキ・ファーム」ではホップを栽培し、石巻初のクラフトビールを製造・発売するなど六次産業化にも取り組む。9. 古民家をリノベーションした「イシノマキ・ファーム」の拠点「Village AOYA」では、ライブなども開催される(7・9写真提供：イシノマキ・ファーム)。

レーサーでもあった高橋氏は、仙台で不登校や精神障碍者《しょうがいしゃ》の社会参加支援事業をしていた。震災を機に支援活動に加わり、石巻へ活動の場を移す。被災地には、復興の先がみえない仮設住宅暮らしなどで、うつ病や不登校になるケースも出てきていたのだ。

そんな高橋氏が体験農業を始めたのは、「不登校の子どもたちは、畑仕事だと目が輝く。パワハラでうつ病になった人も、農作業をすると自分が取り戻せる」ことを実感したからだ。有機農産物だけでなく、有機ホップを使ったクラフトビールの生産・販売も手がけている。

改修してよい古民家や、体験農業に使ってよい農地を借りるのはけっこう大変なものだ。しかしこの地域も震災後に子育て世代が流出したため、津波の衝撃が一段落するにしたがい、地域の未来への危機感が出てきた。「私たちの活動も、そういう機運があったから受入れられたと思います。古民家を借りたとき、集落の人口が増えてうれしいと言われました」と高橋氏はいう。

旧河北町の川《かわ》の上《かみ》地区では、二〇一五年四月にオープンしたコミュニティ図書館「川の上・百俵館《ひゃっぴょうかん》」を訪ねた。ここは、大正時代にできた精米所を改修したもので、約三〇〇〇冊の本が並ぶオープンスペースと、カフェが併設されたおしゃれな開放空間だ。じつはここも、震災をきっかけに生まれた施設である。

理事・運営委員長の三浦秀之氏は、一九八二年生まれの大学准教授。大学院で開発経済学を学び、アジア開発銀行に勤めていた経歴を持つ。また彼は、「百俵館」がある敷地の持ち主の息子でもある。

「父も研究者で、東京に住みながら、家の管理に月に一度は帰っていました。小さいころからここに連れられてきて、友だちもたくさんできた。集落の連帯感が、子ども心にも心地よかった記憶があります」

震災があったのは、三浦氏がまだアジア開発銀行に勤めていたころだ。内陸の農村である川の上地区は、津波の被害はなかったが、海沿いの被災者が集団移住するための公営住宅の建設候補地に指定された。二〇一八年には約四〇〇世帯が移住する予定だが、これは川の上地区の世帯数とほぼ同じだ。

この公営住宅建設をめぐって、一時は地域の住民が対立した。被災者のために土地を提供するか、先祖代々の土地と景観を守るべきか。最終的に受入れが決まったとき、「私の父は泣いていました。それが忘れられない」と三浦氏はいう。

震災翌年に大学に転職した三浦氏は、定期的に地域を訪れながら、二〇一三年に「石巻・川の上プロジェクト」を立ち上げた。手始めに、地域外の専門家と地域住民の計約五〇名を中心に、公営住宅を含めた地域づくりにむけた勉強会を行った。この勉強会は「川の上大学」と名づけられ、分裂した地域住民を結びなおす場となった。

その過程で、地域づくりには居場所が必要だということになり、実家の敷地にあった旧農協の精米所を改修する計画を立てた。計画から着工・完成までに、約一年半かかったという。

「大学の同期をはじめとした専門家たちが、いろいろ協力してくれました。改修のデザインもそうですが、地元の人を巻きこみながらコンセプトを作るのが大切で、そのときはファシリテーションの専門家が助けてくれた。子ども時代の地元の友人も参加してくれて、地域の人の手助けが増えたのも大きかった」

やがて、すばらしいデザインのコミュニティ図書館はできた。しかし、おしゃれで本が並ぶ空間は、「敷居が高い」と言われてしまう。

その後は、地元の人に来てもらえるように試行錯誤が続いた。子育て世代には親子が遊ぶ保育イベントを企画し、六〇歳以上向けには健康体操と歌声サロンの会を作った。さらに「寺子屋」と銘打った小中高校生むけの補習塾を行い、送迎の親たちとも接触を増やした。

「子どもたちの自習場所としても使ってもらっています。外からきた専門家と彼らが触れあえば、お互いに刺激になる」

そのほか百俵館では、音楽会や落語の会などが定期的に開催され、カフェでは地元産の食材が楽しめる。建物前の広場では、月一回のマーケットも開かれる。

注目すべきことは、こうした活動に、助成金が使われていないことだ。改修などのハード面は、クラウドファンディングのほかに宮城県の補助も受けた。しかし、維持と運営にはお金をかけず、基本的に地域の力でまかなってきた。

「最初に地域の有志が、公営住宅のために土地を売ったお金を出しあいました。『川の上大学』も、講師に講演料を払いながら一〇年は続けられる予算をプールしてあります。そのほかは、徹

10.毎月１回、60歳以上の住民を対象に開催される健康体操講座「川の上・大地の会」。11.「川の上・百俵館」に併設する「コメ・カフェ」を取りしきる高橋信子氏（左）も新住民のひとり。生きがいになっているという。

底してお金をかけない。保育や体操などのイベント予算は一回二〇〇〇円くらいに抑え、カフェの食材は地元で安く手に入れる。補習塾は、講師の方が父母からの月謝を受けとるかわりに、講師には場所代を払ってもらっています。私自身は、東京の大学勤務で収入を得ていますから、人件費はかかりません（笑）」

震災から年月を経た被災地では、震災復興関係の助成金が減っており、財政に不安を抱く活動も多い。「じつは助成金の申請はプロジェクト開始時に落とされたんです。いまとなってはそれがかえってよかったですね」と三浦氏は言う。

こうしたやり方は、三浦氏の専門の開発経済学にも裏づけられている。

「昔の対外援助はモノとお金を与えて、援助依存を作り出していた。それが反省され、いまの援助は変わった。住民が主体となって地域を運営できる力をつけることを目標に、教育や合意形成を助ける援助が主流になっています。復興と援助は似ていますよ」

「みんながお金と労力を出しあい、共同で運営するのが地域自治の基本。私もここに帰ってきたり、運営をしたりで平均すれば週に二日くらいを使っていますが、お金にはかえられないものがあります。実家を提供した形になりますが、地域の共有スペースにしたら、維持管理も草刈りも地域の人たちがやってくれるようになった」

百俵館には、日本各地からやってきた復興インターンの学生も訪れる。この日も、九州から来た学生が、地元の活性化の参考にしたいと語っていた。

過疎化や高齢化が進んでいる地域には、それが問題であるとは思いながら、変化に踏みきれないでいる事例も多い。災害で既存の秩序が破れたことは、不幸なことではあったが、現状にとどまれない状態を作り出した。今後の日本をリードしていくのは、次のステップに進む地域であり、次のステップに進むことを決意する人々である。

12

13

12.北上川の代表的風景ともいえる葦原は、シジミの漁場でもある。震災後、一時激減した漁獲量が復活しつつある。13.「雄勝町の雄勝地区を考える会」発起人、阿部晃成氏に、雄勝地区を案内してもらった。

石巻市で会ったみなさん（後編）（プロフィールは取材当時のもの）

NPO法人
ベビースマイル石巻代表理事

荒木 裕美さん

Araki Hiromi

1978年東京都新宿区生まれ。宮城学院女子大学日本文学科卒業。3年間の生命保険会社勤務と2年間の自営を経て、結婚を機に2007年に石巻へ。現在3児の母。

一般社団法人イシノマキ・ファーム
代表理事

高橋 由佳さん

Takahashi Yuka

1964年仙台市生まれ。二輪メーカー勤務を経て、教育・福祉分野の専門職に。2011年障がい者就労支援団体のNPO法人Switchを設立後、2016年8月よりイシノマキ・ファーム代表理事。

雄勝町の雄勝地区を考える会
発起人

阿部 晃成さん

Abe Akinari

1988年宮城県石巻市生まれ。被災直後から、雄勝町の再建に向けて活動を続け、現在、慶應義塾大学大学院政策・メディア研究科で修士課程を履修中。

一般社団法人おしかリンク代表
理事

犬塚 恵介さん

Inuzuka Keisuke

1984年愛知県岡崎市生まれ。豊田工業高等専門学校専攻科建設工学専攻修了。名古屋市で5年間の建築設計事務所勤務、仙台市でアーキエイドに参画したのち、「おしかリンク」代表理事。

一般社団法人石巻・川の上プロジェクト
理事・運営委員長

三浦 秀之さん

Miura Hideyuki

1982年宮城県石巻市生まれ。早稲田大学大学院アジア太平洋研究科博士課程修了。アジア開発銀行研究所研究員などを経て、2012年より杏林大学総合政策学部講師、2017年から准教授。

06

東京都板橋区高島平団地

東京都心にありながら、高齢化が進む集合住宅である高島平団地。一九七〇年代には若く活気にあふれ、自治会活動も盛んだったが、いまでは住民の孤立化が問題となっている。地縁血縁のない地域だけに、新たなつながりも生まれにくい。移住者ばかりの団地で、いまはどんな活動が行われているのか。その課題と可能性は、どこにあるのか。担い手によって、世代によって、さまざまな試みが行われているこの地を訪ね、東京における「地域」のあり方を探ってみた。

二〇一八年一一月五日・一一七日取材

板橋区高島平MAP

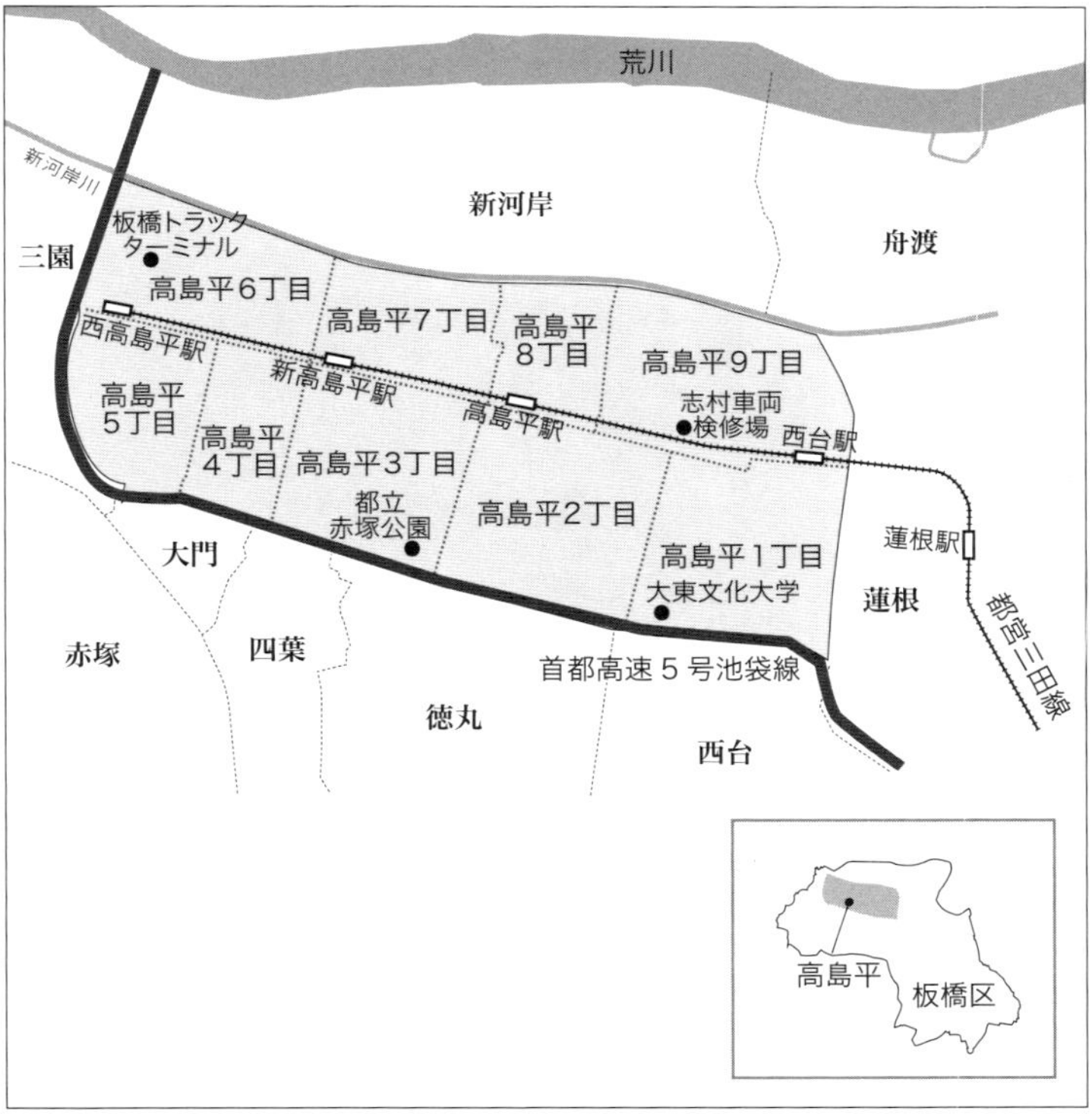

板橋区高島平の概要

面積3.3㎢。人口約50,500人、世帯数約29,000世帯（2019年4月1日現在）。東京都板橋区の北端に位置する。1972年、日本住宅公団が約1万戸という高島平団地を中心とする新しい町を作る。少子高齢化が進むが、さまざまな団体が活動し、新たな動きが起きている。

資料提供：株式会社高島平新聞

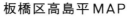

移住者が作り続ける町

東京都板橋区の高島平団地は、多摩ニュータウンなどと並び、都市部の高齢化問題でよく言及される地域だ。賃貸八二八七戸、分譲一八八三戸のあわせて一万一七〇戸の巨大団地だが、六五歳以上の比率である高齢化率は五〇%に及ぶといわれ、いわゆる「限界集落」の定義にあてはまる。

高島平団地の入居が始まったのは一九七二年。都心のオフィスまで三〇分という計画都市だったが、もとは水田や畑だった場所で、最初はすべてが未整備だった。ここに当時は二〇代だった「団塊世代」が大量入居し、保育園の不足などから住民運動が台頭。団地の集会所の一部を事実上占拠して共同保育所にしたり、住民カンパで福祉法人を作って保育所を設立したりと、その活動はパワーにあふれていた。

団地の全戸と、地域世帯の七五%に配布されるタウン紙『高島平新聞』の取締役会長である村奈嘉義雄《むらなかよしお》氏は、こう回想する。

「当時の住民は、若くて自分たちで動くエネルギーがあった。自治会がすぐに自発的にできて、住民パワーで行政を動かした。既存の政治家なんかに頼らない、むしろ自分たちが政治家を作るという感覚だったから、入居開始翌年の区議会議員選挙では団地から候補者がどんどん出てきた」

こうした住民運動の台頭は、一九六〇年代から七〇年代の団地では、めずらしくないことだった。当時の団地や新興住宅地は、いわば移住者ばかりの町。いざ入居してみると、学校、交通、商店などが未整備ということが多かった。住民は必要に迫られて、学校増設運動をしたり、物資の共同購入運動をしたりしたのである。

当時の高島平団地は、住民も若かった。入居開始一年目の調査では、平均年齢が二五・五歳だったという。七〇年代の高島平団地の中央広場では、数千人を集めたコンサートが開かれたり、政治汚職に対する抗議が行われたりしていた様子が写真に残っている。

二〇〇〇年代の住民活動とその停滞

しかし、いっせいに若い世代が入居した団地や郊外住宅地は、いっせいに高齢化する。子どもが成長すると手狭になって転居する人も増え、団地を含む高島平地区の人口ピークは一九九二年。住民運動によって一九七九年に増設された高島第七小学校は、二〇〇七年には児童減少で閉校。二〇〇〇年代には、住民の高齢化も問題になりつつあった。

こうしたなかで一九九九年、自治会中央役員を務めた堀口吉四孝《よしたか》氏が、友人の母の団地内での孤独死をきっかけに、「高島平地区小地域ネットワーク」というボランティア団体を立ち上げた（二〇〇〇年四月一日正式発足）。近隣の高島第二中学校内の「地域開放教室」を活動拠点に、道路清掃、沿道花壇づくり、福祉施設の車いす修理体験、学校内トイレ清掃などを地域で行い、地域の高齢者と若年層とのマッチングをはかった。

やがて彼らは、七月の「わがまち大江戸舞祭《まいまつり》」や一一月の音楽祭を開催。さらに地元の大東文化大学と提携した「高島平再生プロジェクト」へと発展し、コミュニティカフェの運営、ミニＦＭの開局、地域通貨の発行、団地の空き室に日本人学生と留学生をペア入居させるなど、多様な活動を展開した。これらは地域活動の事例としてメディアから注目され、文科省の助成金も交付された。

しかしこれらの活動も、二〇〇〇年代後半には停滞と内紛にみまわれる。二〇〇九年に「小地域ネットワーク」「再生プロジェクト」から離れた堀口氏は健康を害し、二〇一三年に死去。堀口氏が団地商店街に開いた「地域交流広場ぱらぜ」を引き継いだ石田ゆかり氏はこう述べる。「堀口さんはアイデアが豊富だったが、手を広げすぎた。また自分で背負い込みすぎてしまって、人が育たなかった。責任感が強すぎるというのか、何年も親の遠距離介護をしていたことを仲間に内緒にしていたし、そのうち自身が体調不良になっても周囲の心配に耳をかさずに活動を続けていた」

高島平の活動は、なぜ停滞してしまったのか。さまざまな話を聞いたが、最大の原因は、活動の担い手が増えなかったことのようだ。団地内でコミュニティカフェも運営している『高島平新聞』会長の村奈嘉氏は、こう述べる。

「住民パワーをうけて行政がいろいろ整備し、当初の不便さがなくなると、自治会がなくても住民がやっていけるようになった。そうなると自治会もマンネリ化し、担い手も固定化して高齢化していった。自治会が保守化してしまったので、もともと自治会活動に参加していた人たちが、自治会にないものを求めて、二〇〇〇年代に小地域ネットワークや再生プロジェクトに集まってきた。しかし新しく入居してきた住民は、自治会にも新しい活動にも、担い手としては定着しなかった」

「七〇年代の高島平団地のように、若い世代が集中して入居すると、子育てという共通の問題でつながりやすい。しかし高齢化すると、共通の問題がない。高齢者といっても、経済や健康の状態はいろいろだ。孤独死などの問題もあるが、とくに困っていないから余計な人間関係にかかわりたくないという人もいる。住民を結びつける統一的なものがない。賃貸の間取りが手狭で、入れ替わりが激しいことも結びつきをむずかしくしている」

新しい活動がおこったとき、それで担い手が増えてくれれば、既存の活動とも刺激しあいながら発展するだろう。しかし担い手が増えないまま、限られた人数のなかで複数の活動やグループが並走すると、相互の誤解やら、負担の偏在やらが生じやすい。これは一般的にいえることで、誰が悪いという問題ではないだろう。

高島平団地の自治会は、かつて八割近い加入率を誇っていた。いまでは三割程度ともいう。団

1

1.高島平団地の特徴である高層棟が整然と並ぶ。計64棟1万170戸の大規模団地は「東洋一のマンモス団地」と呼ばれた。
2.2007年に閉校となった旧板橋区立高島第七小学校を村奈嘉義雄氏と見学。跡地の活用方策はまだ決まっていない。

2

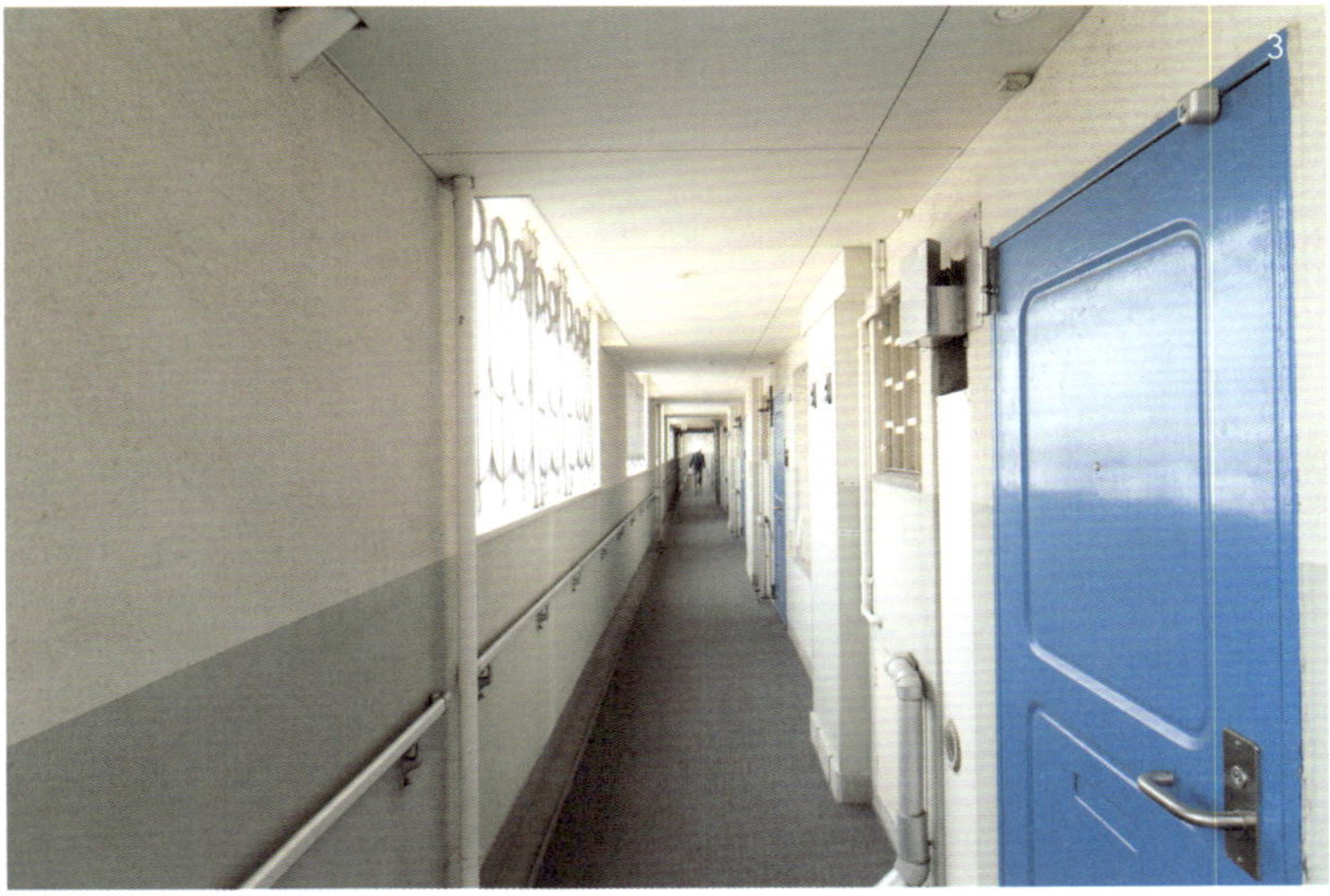

3.各戸を結ぶ長い廊下。高齢者が突出した高島平二丁目団地では、「助け合いの会」を通じて、住民どうしが助け合う。4.高齢化率は約5割に達し、独居高齢者が目立つ。5.地域内だけでなく、地方コミュニティとの交流の場「地域交流広場ぱうぜ」には各地の商品が並ぶ。

地の二丁目自治会は二〇〇二年から「助け合いの会」を設立し、三〇分二五〇円で高齢者の付き添いなどの手助けをしている。とはいえその担い手も多くが七〇代以上で、「助け合いの会」代表の林貢氏は八〇歳だ。林氏は、「昨日は九〇歳の女性の付き添いをしました。一〇年後のことは考えられません。とにかくいま、がんばるだけ」という。

新旧世代の思い

二〇〇〇年代に注目された高島平地区小地域ネットワークは、現在も活動している。とはいえ、いま総務を務める原千鶴子氏はこう述べる。「いまの活動は、かつての活動を継承して細々とやっているだけ。誘い方も悪かったかもしれないが、地域の若い住民が担い手として定着しなかった」「自分たちの年代ががんばりすぎたのかもしれない。だけど、誰もついてこなかったから、がんばらざるをえなかったという思いもある」

とはいえ一方、新しい活動もおきている。今回の訪問では、二〇一〇年代になってから活動を活発化させた方々にも話を聞くことができた。

たとえば、高島平団地から駅を挟んだ向かい側にある商店街で、アート／イベントスペースtime spotを管理する篭谷《こもりや》奈央《なお》氏。「コミュニティビルダー」の名刺を持つ篭谷氏は、結婚を機に板橋に移住したあと、『高島平新聞』で記者を五年務めた経験を持つ。二〇一五年から年二回、高島平駅の高架下で開かれるマルシェの実行委員をやったり、近隣の事業所でのフェスティバルや公園でのアートイベントなどの企画運営などをしたりと忙しい。「この地域に足りないのは〝感度〟。高島平団地が報道されるときは、いつも高齢化の話になってしまうけれど、この地域には面白いこと、やれることはまだまだある」と語る。

篭谷氏は、こうも言う。「高島平団地は高齢の人が元気。若い人がむしろ負けてしまって、世代交代がうまくいかなかった」。この言葉は、原千鶴子氏の「自分たちの年代ががんばりすぎたのかもしれない。だけど、誰もついてこなかったから、がんばらざるをえなかったという思いもある」という言葉の裏返しともいえる。

地域活動から区議へ

井上温子《あつこ》氏は、高島平団地の一角にコミュニティスペースを運営している。井上氏の活動歴は、高島平団地の新旧世代の交錯を示すものとして興味深い。

井上氏は東京都青梅市で一九八四年に生まれ、高校時代は陸上選手だった。足を怪我したことで体育大学を受験できず、高島平にある大東文化大学に入学。大学三年だった二〇〇六年に、大東文化大と高島平地域が連携した「高島平再生プロジェクト」に参加した。二〇〇八年に大学卒業後、文科省の予算がついた「みらいネット高島平」（高島平再生プロジェクトから派生）の事務局として大東文化大の職員となり、二〇一〇年に高島平に移住した。

ところがこの時期に、高島平の地域活動に内紛がおきた。ここから当時二六歳の井上氏は、板

6.本格的コミュニティスペースの一つ「地域リビングプラスワン」。この日集まっていた地域のママやスタッフたちと。7.1972年創刊の高島平団地と地域住民むけ地域新聞『高島平新聞』(元は団地新聞・高島平)。現在もタブロイド版16ページを22,500部発行している。8.「助け合いの会」代表の林貢氏と。高島平団地が一望できる棟へ案内してもらった。9.「高島平マルシェ」を主催する高島平商店会。高島平駅の北側にひろがる。

橋区議に立候補するという展開をとげる。

「地域の仲間割れとか、教授の不正経理問題とかがおきて、二〇一〇年の年末に仲間と『これからどうしよう』と話し合いました。五〇歳以上の男性たちの主導権争いに巻き込まれたような気がして、『現場はがんばっているのに』とか言いあっているうちに、区議は何をしているのかという話題になった。区議の仕事は地域の声をすくいあげて地域を作ることのはずだという話になったとき、それなら自分がやろうとしていることに近いと思ったんです」

「地域づくりをやりたい意志だけはあった。だけど行政や区議は、地権者や自治会長の話はていねいに聞くけれど、私の意見はまともに聞いてくれなかった。私も以前は、行政や政治はあてにならないから、地域づくりやＮＰＯで社会を変えようと思っていた。でも、そうやって遠ざかる人が多いから投票率も下がり、政治が変わらないんだと気づきました」

こうして井上氏は二〇一一年一月に区議選出馬を決意し、三月に大学職員を辞め、四月に選挙となった。地元の自治会や商店会とはほとんど関係がなかったが、それまでの地域活動の蓄積で応援してくれる人もいて、当選することができた。

「いまは区議も二期目だけれど、一期目は議会の常識もわからなかった。紙の資料ばかりなので、議会もパソコンを持ち込めるようにするなどＩＴ化するといいと言ったら、議員からヤジがひどかった。おかしいと思ったけれど、住民がもっと変わって議会に関心を持たないと、議会も変わらない」

「いまの区議は町会や自治会が基盤の人が多い。私がＮＰＯの活用を主張したら、『どこにいるんですか』『信頼できるんですか』という反応だった。ＮＰＯを認知してもらうには、新しい担い手を育て、可視化しないといけない」

「自治会はがんばっていると思うけれど、結果として高齢者対応に特化している。自治会加入率を上げるべきだと主張する区議もいるけれど、形だけ加入が増えても担い手にならないし、問題の解決にもならない」

井上氏は二〇一一年にＮＰＯ法人「ドリームタウン」を設立し、二〇一三年には高島平団地にコミュニティスペース「地域リビングプラスワン」を作った。ここは障碍者《しょうがいしゃ》、高齢者、子育て世代などの「居場所」として使われるとともに、地域の人々が交代で料理をふるまう「子ども食堂」としても活用されている。二〇一四年には、区内の一五の地域活動を連携させた「いたばしコミュニティスペース連絡会」も立ち上げた。

「行政は、子どもの居場所づくり支援事業に社協（社会福祉協議会）を指定し、委託している。活動してきたＮＰＯを活かすなど、もっと担い手を育てるべきだと思う」

「障碍者は障碍者、若い人は若い人、高齢者は高齢者の問題があるけれど、とくに引きこもりとか死別とか、孤立の問題が大きい。そういう問題は、福祉や職業訓練の専門家で解決できるとはかぎらない。地域のボランティアがいる居場所で、人がつながるほうが大切なこともある。そこに必要なのは、医療や福祉の専門家より、一緒に考えて行政や政治につなぐコーディネーター。そういう担い手をもっと育てたい」

かつては、自治会や町会が地域密着型の活動だった。行政はそれらと連携し、医療や福祉などの機能分化型の活動につなげていた。だが自治会の組織率が落ちたいま、居場所やコミュニティスペースが、新たな地域密着型の活動になりうるかもしれない。

時代の流れと社会の変化

もちろん、居場所というコンセプトも限界はある。井上氏も、「こういう場所には、来る人は来るが、来ない人は来ない。来ない人には、いま充実しているから不要だという人もいるけれど、問題を抱えているのに自宅から出てこない人もいる」と認めている。

とはいえ町会や自治会も、地域住民をすべて包含する機能を失って久しい。結果としてそこに集まる人も固定化し、高齢者対応に傾斜している。つまり町会や自治会も、すでに「来る人は来るが、来ない人は来ない」ものとなっているのだ。

そして考えてみれば、高島平で新しく生まれている活動は、どれも「来る人は来るが、来ない人は来ない」という性格のものだ。篭谷氏のアート／イベントスペースにも、これは共通している。

これは、良くも悪くも時代の流れなのだろう。昔は、共同体が全員を包含していた。しかし現代では、そうした共同体は団結力を失った。人間関係や組織のあり方は、有志が自由にアクセスするネットワークに移行している。こうした変化は、企業も労組も、メディアも地域社会も、同じ傾向だ。

年長世代には、こうした変化になじめない人も多い。だが彼らの活動もまた、かつてと同じ形は維持できなくなっている。もはや否応なく、現代に即した活動と、新しい担い手に期待するべき時期なのかもしれない。

じつは高島平団地の年長世代も、そのことを感じている。「自分たちの年代ががんばりすぎたのかもしれない」と述べた原千鶴子氏は、こうも語った。「もう引き継ぎの時期。私たちは、舞祭も音楽祭も、もう来年は主宰しません。『なんでやらないの』という声が出てきたら、『手伝うからあなたたちがやって』と言うつもり。違う方向でもいいから、やっていく人が出てくることを期待します」

その一方で、新しい活動をしている人々の側も、この地域の人のつながりから、多くのものを得たと異口同音に語っていた。井上氏はこう述べる。

「自治会とは関係なくやってきたけれど、いまから考えれば、高島平はいい場所だった。歴史が浅いし、住民活動で作られた町。自治会も〝来るもの拒まず去る者追わず〟という文化がある。古い地域なら、自治会にも商店会にも挨拶しなかったら、もっと活動上マイナスだったかもしれない。大東文化大のプロジェクト以来多くの人と知り合えたし、この地域に育ててもらった。生まれたのは青梅だけど、『もう高島平の人だな』と思います」

高島平は、移住者の住民活動が作り続けてきた町だ。七〇年代の住民活動も、当時の年長者たちは眉をひそめていたかもしれない。時代が変わり、人がかわって、別の活動がまた町を作っていくだろう。たとえそれが、不完全なものであったとしても。

10.〝高島平の街をもっと楽しく、もっとお洒落に〟をモットーに、グルメ、ファッション、アートなどを集めたイベント「高島平マルシェ」。高島平駅前商店街の若手たちも気合いが入る（写真提供：time spot）。11.高島第二中学校の花壇。沿道や中学校内の花壇作りは「高島平地区小地域ネットワーク」の活動の一つ。12.「地域交流広場ぱうぜ」の石田ゆかり氏と。13.通称「お山の広場」に面した「高島平駅前中央商店街」を買い物客が行き交う。惣菜店、ベーカリーや米店、クリーニング店などが並ぶ。14.「コミュニティーカフェ・高島平駅前」は英会話教室など、さまざまに利用されている。

高島平団地で会ったみなさん（プロフィールは取材当時のもの）

NPO法人ドリームタウン
代表理事、板橋区議会議員
井上 温子さん
Inoue Atsuko

1984年東京都青梅市生まれ。大東文化大学環境創造学部在学中、高島平の地域活性化の活動に参加。同大同学部職員を経て、2011年より板橋区議会議員。

アート／イベントスペース
「time spot」管理人
篭谷 奈央さん
Komoriya Nao

1976年東京都北区生まれ。結婚を機に2003年より板橋区に移住。高島平新聞で記者を5年間務めた後、2017年より現職。高島平マルシェ実行委員。文化芸術を軸にまちづくりと空き家活用を実践。

コミュニティーカフェ・高島平駅前
代表、高島平新聞社取締役会長
村奈嘉 義雄さん
（筆名 村中義雄）
Muranaka Yoshio

1941年東京都港区生まれ。1972年より高島平団地在住、同年高島平新聞社創業。地域の歴史を語れるキーパーソン。2012年より、コミュニティーカフェなどの活動で、住民向けの居場所作りも行う。

地域交流広場ぱうぜ店長
石田 ゆかりさん
Ishida Yukari

1960年東京都調布市生まれ。メルボルン大学大学院卒。配偶者の生家板橋区徳丸に移住し約20年。「孤立防止・名前と顔を知る関係性づくり」ほか、数々の活動に取り組む。

高島平二丁目団地
「助け合いの会」代表
林 貢さん
Hayashi Mitsugu

1939年新潟県十日市市生まれ。1972年より高島平団地に在住。2001年に立ち上げられた高島平二丁目団地の高齢者向け「助け合いの会」の代表。

高島平地区小地域ネットワーク
総務
原 千鶴子さん
Hara Chizuko

1947年福岡県八女市生まれ。1972年より高島平団地に在住。「高島平舞祭」や「高島平音楽祭」をはじめ、地域の美化、学校支援活動などを行う高島平地区小地域ネットワークに1999年の設立当初より参加。

結論　戦後日本における地域

ここでは、本書の全体を踏まえながら、戦後日本における地域の歴史的あり方を考える。あわせて、移住者のあり方を考えてみたい。

地域とは何か、なぜ存在するのか

地域とは何か。地域とは、そこにいる人々の活動や社会関係の総体のことである。

地域とは、山や川、建物などではない。山や川や建物があっても、人がいなかったならば、それは地域社会ではない。

では、人はなぜそこにいるのか。各地の地域社会の歴史を調べてみると、じつは「そこに人が集まる理由があったから」というのが、答えであることがわかる。

過疎地とよばれるところは、じつはかつては、多くの人が住んでいた地域だ。ではなぜ、かつては人が集まり、いまは減っているのか。それは、交通や技術や経済や政治のあり方、あるいは「ヒト・モノ・カネ」の流れが変わったからである。

たとえば鹿児島県にあった佐多町は、大隅半島の突端、本州の最南端に位置し、かつては海運の要衝として栄えていた。しかし自動車交通が中心になると、その利点は失われ、人々が集まる理由がなくなってしまった。佐多町は二〇〇五年に根占町《ねじめちょう》と合併して南大隅町となっているが、人口減少に悩まされている。(1)

この例にかぎらず、いま人口が減っている地域は、かつては人が集まる理由があったのだが、いまではその理由がなくなってしまった地域であることが多い。各地を調査した社会学者の山下祐介は、「超高齢地域」になる地域パターンを、五つに整理している。(2)その五つとは、①村落型、②開拓村型、③伝統的町、④近代初期産業都市、⑤開発の早い郊外住宅地、というものだ。この五つの類型を説明しよう。

まず①の「村落型」は、江戸時代までに成立していた農漁村集落である。こうした村落の多くは、狩猟採集や農耕、漁業に好都合な場所が選ばれていることが多い。つまり、狩猟採集や農漁業をベースとして自給自足に近い生活をするには、きわめて効率性の高い地域であり、だからこそ人が住んでいたのだ。

ところが交通や市場経済が発達し、ヒト・モノ・カネの流れが変わると、こうした地域の優位は失われてしまった。自給自足に近い生活を営むには便利でも、高等教育や医療、あるいは市場との交易には便利とはいえない地域なのだ。

ただし自給自足に近いといっても、交通の発達と交易の度合いが低かったということであって、完全な自給自足ということはまずない。たとえば山村では塩がとれず、商人を介した形であるにせよ、海岸地域との交易は不可欠だといえる。人類は常に交易して生きてきたのであって、昔はその度合いが低かったというにすぎない。ここでいう「村落型」は、交易の度合いが低い社会では効率的な地域だったが、交易の度合いが増すとそうではなくなった地域と考えることができる。

②の「開拓村型」は、戦後に満州その他から引き揚げてきた人々が、条件のよくない土地を開拓した集落である。また明治以降に人口が増加したため、本村から分岐した人々が、それまで開拓されていなかった山中などを開拓した枝村もあった。

こうした地域は、①の伝統的村落型以上に不便な土地が多い。いわば人口増加や戦争といった歴史的な条件のために、人が住んでいた地域である。当然ながら、こうした条件が変わると、開拓の第一世代はともかく、第二世代以降は地域を出ていくことが多かった。なかには土地や気候のきびしさを逆に利用して、高冷地野菜などに特化して成功した地域もあるが、やはり後継者難に悩む場合が多いという。

③の「伝統的町」は、ある時代の技術や交通のあり方のために、人が集まっていた地域である。たとえば近世の街道には、人が一日歩く距離ごとに宿場町があった。また、かつての日本では川や海を利用した水運が中心だったので、半島の突端や小さな港湾などに町ができた例も多い。さらに寺社の門前町、規模の小さな藩の城下町なども多かった。これらは伝統的文化がある地域も少なくない。しかし交通や行政のあり方が変わり、ヒトやモノの流れが変わると、従

来の地位は保てなくなってしまう。

④の「近代初期産業都市」は、近代化のある段階に栄えた地域である。たとえば、鉱業や林業などの原料生産地帯にできた鉱山町や林業町。あるいは、繊維産業や鉄鋼産業など近代初期の産業の町などがこれにあたる。こうした地域には、労働者が働き口を求めて周辺から集まり、その労働者にサービスを提供する商人、出荷や運搬にあたる業者なども住みつき、それらを行政管理する役場などができた。こうした町は興隆も急激だったが、産業構造が転換していくと衰退も早かった。

⑤の「開発の早い郊外住宅地」としては、多摩ニュータウンや高島平団地のように、一九六〇～七〇年代に入居が集中した東京近郊の地域がよく知られる。また一九八〇年代以降に広まった、地方都市の郊外住宅地も将来的には高齢化する可能性が高い。

このようにみると、人口が減っている地域とは、「かつては人が集まる必然性のあった地域」であり、「いまでは人が集まる必然性が薄れている地域」であることがわかる。

いわば地域社会とは、「ヒト・モノ・カネ」という川の流れのなかにできた、渦巻きや水溜まりのようなものだ。「なぜここに渦巻きがなくなったのか」「どうしたらここに渦巻きを作れるのか」といった問題は、全体の流れの変化を踏まえずに考えることはできない。地域社会とは、そこにいる人々の活動や社会関係の総体のことであって、そこに山や川があることではないからだ。

もちろん、人は効率性だけで動くわけではない。地域に愛着を持つ世代は、そう簡単に地域を離れない。また、頼れる親族が他の地域にいなかったり、地域の人間関係のなかで安定した地位を築いていたり、転居してもよりよい仕事や住居が得られる可能性が少ない場合などでも、人はその地域に住み続ける。

しかしそうした人々は、基本的にはその地域が栄えていた時代に住みついた世代になりがちだ。そうした人々だけがその地域に残っていけば、その地域は高齢化することになる。これらのことは、事実認識として踏まえておく必要がある。

戦争と「強いられた自給体制」

さらに日本の地域を考える場合には、戦争と戦後の歴史を踏まえる必要がある。じつは戦争は、地方に好作用した側面があった。戦争で都市人口が減少し、貿易が途絶したことが、地方の人口増加と、国内自給体制をもたらしたからである。

図1と図2から明らかなように、戦争は人口配置と産業構造に大きな逆転現象をもたらした。都市部は空襲による住居不足と産業の壊滅、輸送網の途絶による食料不足などのため、大幅に人口が減少した。第二次産業と第三次産業も、大きく就業者数を減らした。

そのぶんの人口を吸収したのは、地方と農林水産業だった。敗戦後の食料不足は、地方の食料生産者の地位を高め、都市中産層の没落をもたらした。地方に滞留した人口は、戦後のベビ

図1　三大都市圏人口の全国シェア推移

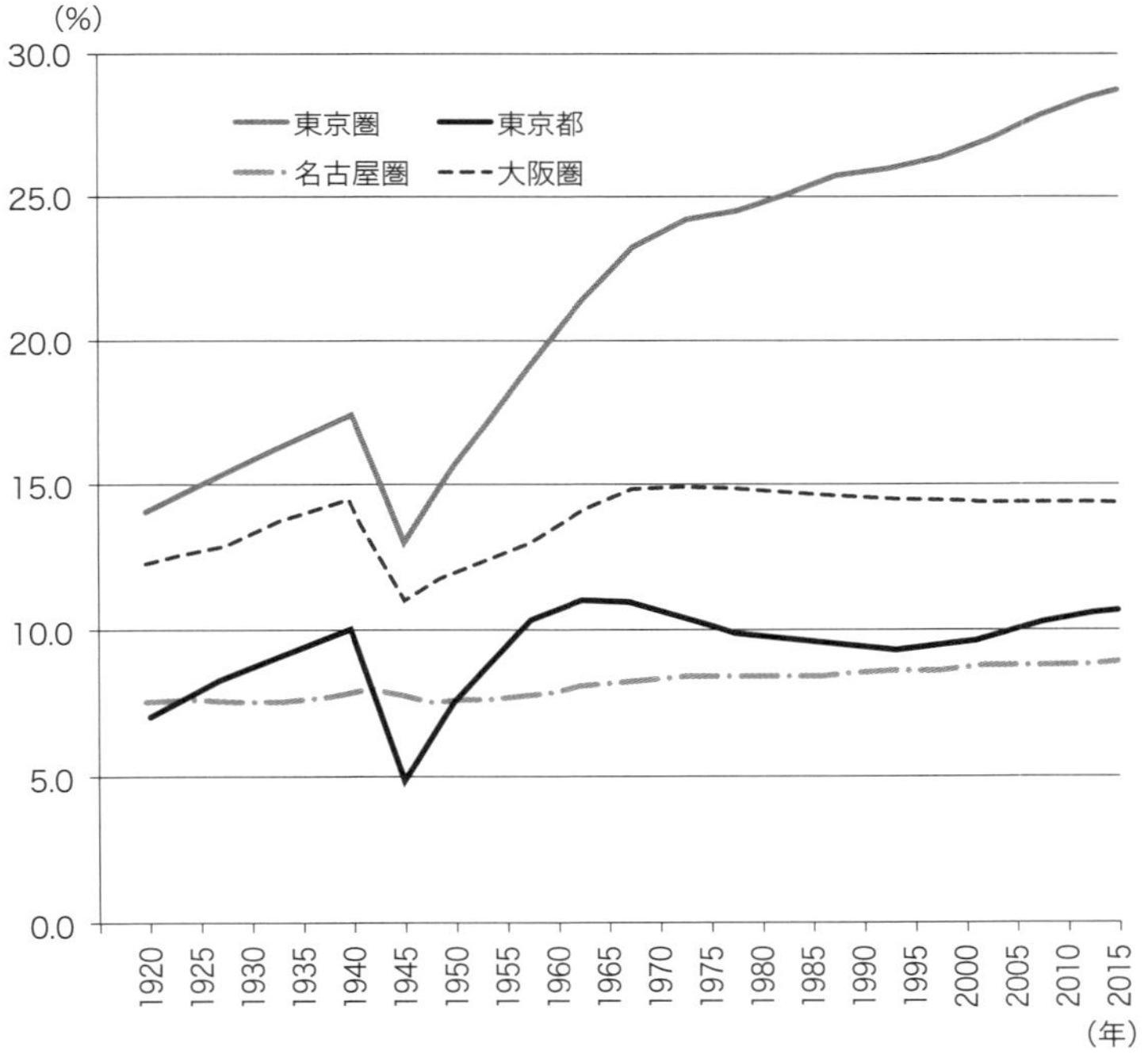

注：東京圏：埼玉県、千葉県、東京都、神奈川県
　　名古屋圏：岐阜県、愛知県、三重県
　　大阪圏：京都府、大阪府、兵庫県、奈良県

出典：総務省統計局「人口推計」を基にオフィス金融経済イニシアティブが作成

図2　産業別就業人口割合

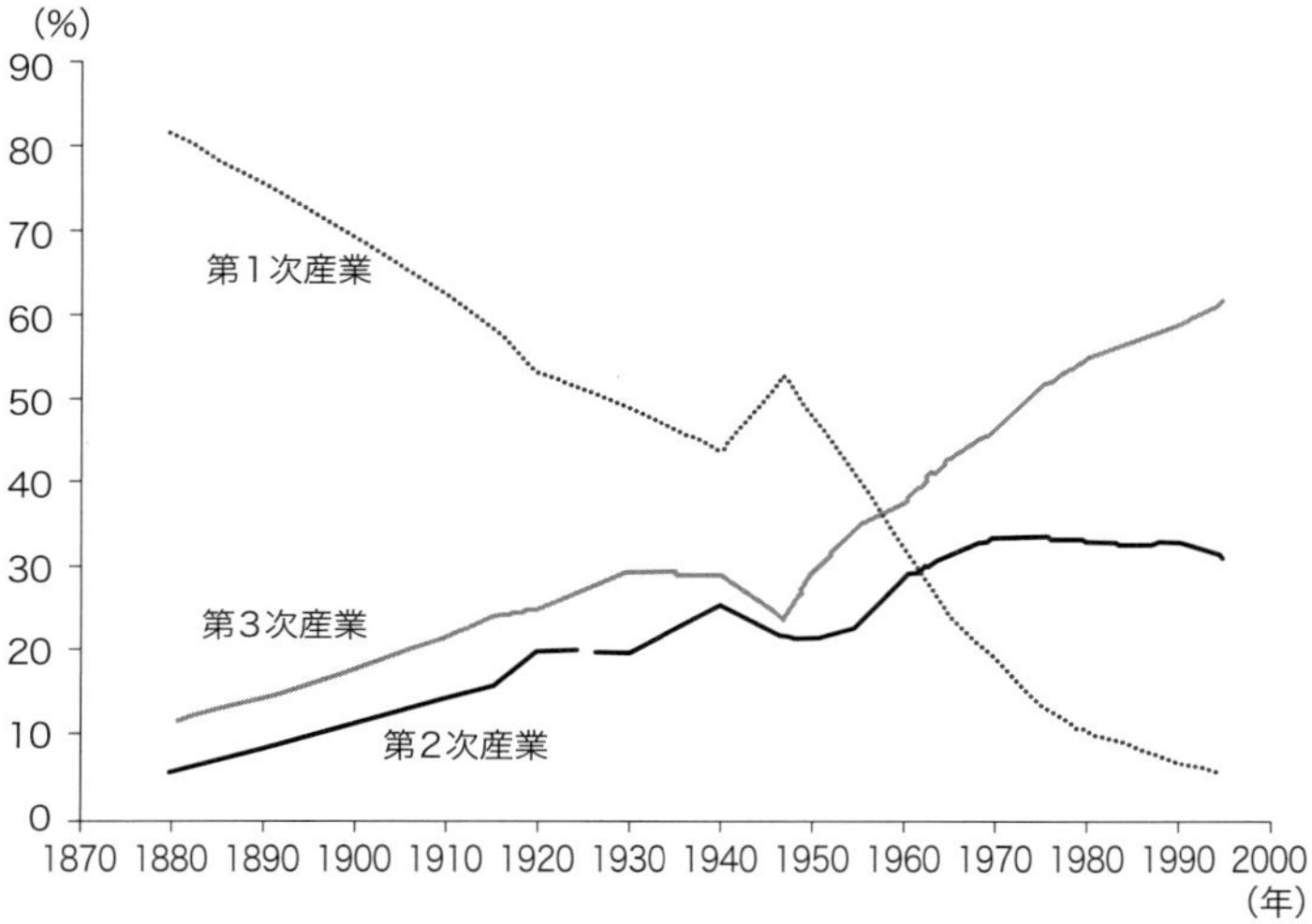

資料：1879年～1915年「明治以降本邦主要経済統計」(日本銀行)
1920年～1995年「国勢調査」(総務省)
1947年は臨時国際調査の数値

出典：日本リサーチ総合研究所作成

ーブームによってさらに地方人口の増加を招いた。

　つまり敗戦は、都市および製造業の急激な衰退と、地方と農林水産業の興隆という、歴史の逆転現象を引き起こしたのである。本書で調査した地域においても、檜原《ひのはら》村《むら》の人口がピークだったのは、都心部から疎開した人々を受入れていた一九四五年だった。

　また戦争は、貿易の途絶をもたらし、すべてを国内で自給せざるをえない状況を引き起こした。これは結果的に、地方に好作用した。鉱産物も、農産物も、木材も、観光も、戦争から戦後復興、さらには高度成長初期にかけて需要が増加していたにもかかわらず、輸入や海外渡航が閉ざされていたからである。

たとえば日本の銅鉱業は、一九三一年の満州事変と軍需景気によって成長したのち、一九三七年の日中戦争の開始後には、戦略物資の国内自給確立の政策のもと政府の支援をうけた。さらに一九四〇年にはアメリカ・カナダ・南米諸国が鉱石・地金・スクラップなどを対日禁輸したため、政府が資金・資材・労働力などを割り当て、国内鉱山の拡充、旧鉱山の復活などが行われたのである。(3)

鉄鉱石においても一九四〇年以降は輸入が途絶し、自給体制が強化された。とはいえ国内産出量のうち約半分は、当時は日本の一部だった朝鮮半島の鉄鉱山によるものだった。戦後は朝鮮半島の鉄鉱山も失われ、戦前水準の輸入が回復した一九五五年ごろまで、残された日本国内の鉱山に頼らざるをえなかった。

こうした「強いられた自給体制」は、多くの領域においてみられた。一九三〇年代にはコメ需要の約二〇%が朝鮮と台湾からの移入で供給されていたが、戦後にはこれが失われ、コメの国内増産と自給体制が築かれた。(4) また戦争中の一九四二年には食糧管理法が制定され、コメおよび主要食糧の生産と流通は政府の統制下に入った。コメは戦後も政府の供出管理と公定価格によって管理され、食糧管理法が廃止されたのは一九九五年だった。

そもそも占領下では自由な貿易ができず、一九五五年のGATT(関税貿易一般協定)への加盟を経たあとも、GATT11条国に移行した一九六三年まで多くの貿易制限があった。木材輸入が全面自由化されたのは、一九六四年からである。その後は急激に輸入材の供給が増え、一九六九年には国産材の供給量をうわまわった。[5] そして一九七三年以後は、木材需要そのものの伸びが止まってしまう。つまり復興と高度成長で木材需要が伸びていながら、戦争に起因する貿易制限があった一九六〇年代前半までが、日本林業の最盛期だった。

また海外渡航が自由化されたのは一九六四年で、それまで観光目的での出国はできなかった。それ以前は、パスポートは留学や移住など、政府が認める目的による渡航に対してしか発行されなかった。しかも数次旅券が発行されたのは一九七〇年からで、それまでは一回の渡航ごとに申請しなければならなかった。

つまり一九六〇年代までは、外国観光という選択肢が存在しなかった。この環境のなかで、一九三四年の丹那トンネル開通によって東海道本線の駅ができた熱海は、高度成長による所得上昇とともに、新婚旅行や団体旅行の観光客をひきつけた。熱海市の人口は一九六五年、年間宿泊者数は一九六九年がピークである。[6]

ただし戦争による「強いられた自給体制」は、決して地域の自給自足を意味しない。この時代は、輸入に頼れない分だけ、国内の産地に需要が集中したということである。鉱産物にせよ、材木にせよ、群馬県南牧村《なんもくむら》の人口をピークに導いたこんにゃく芋にせよ、冷蔵・冷凍輸送が導入された高度成長期以後の漁業にせよ、いずれも地域外に出荷することを前提とした産物であり、自給自足のための産物ではない。

図3　総人口の推移（長野県南牧村《みなみまきむら》）

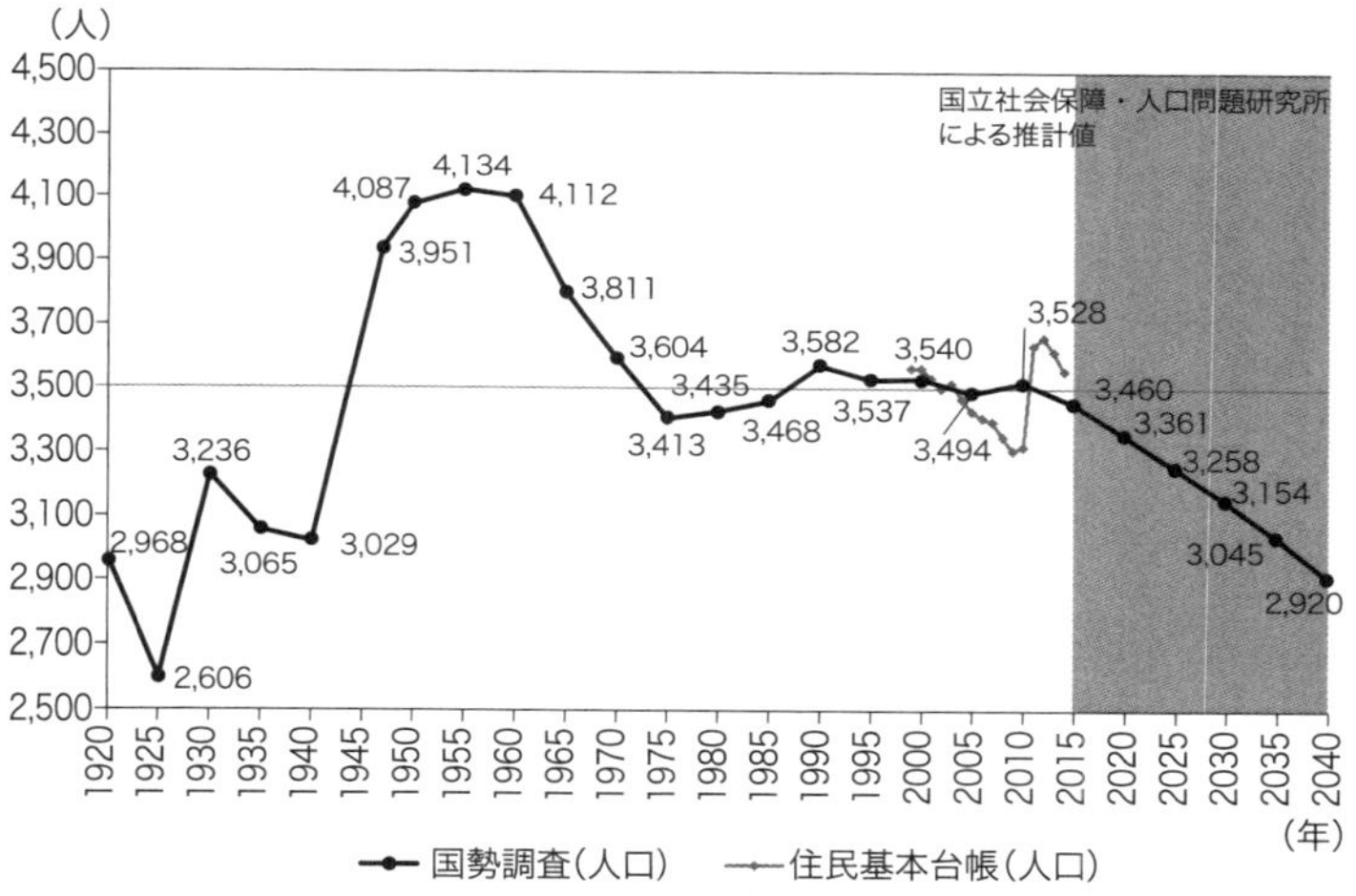

出典：南牧村まち・ひと・しごと創生人口ビジョン（2015 年 10 月）

むしろ一九五〇年代から六〇年代は、鉱産物や農産物の産地にとっては、外部経済との関係が強まり、自給自足から遠ざかった時代ともいえた。こうした状態になると、外部の環境が変わったとき、一気に人口が減ることになりやすい。

このように考えるならば、日本の地方に、一九五〇年代から六〇年代初頭が人口のピークだったところが多い理由がわかってくる。図3や図4など、いくつかの自治体が公表している人口グラフをみると、一九五〇年代の人口ピークが一時的な現象だったことがよくわかる。

これらを前提に考えるなら、地

図4　総人口の推移（大分県宇佐市）

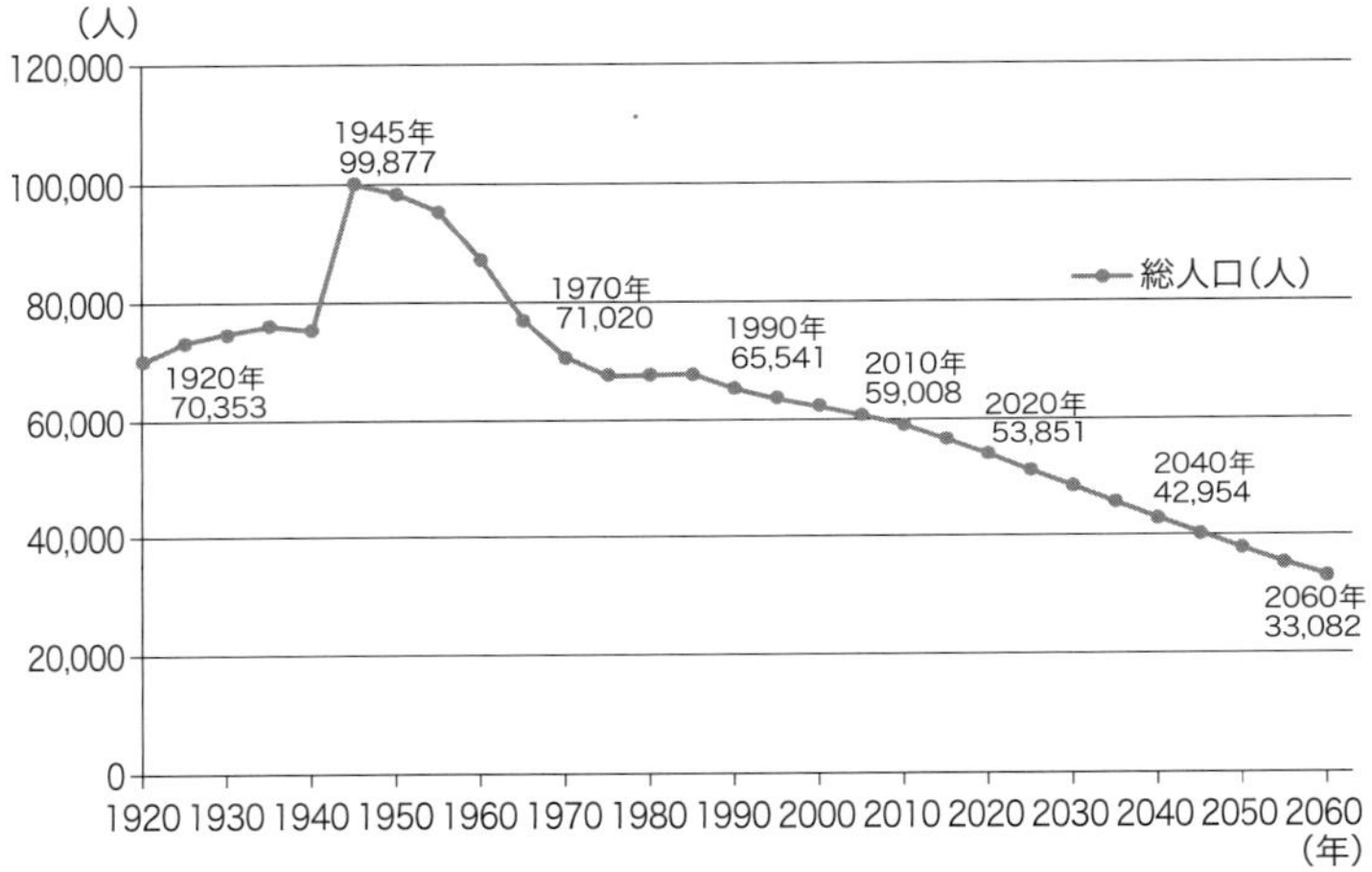

資料：総務省「国勢調査」、国立社会保障・人口問題研究所「日本の地域別将来推計人口」
2010 年までは「国勢調査」のデータに基づく実績値、2015 年以降は「国立社会保障・人口問題研究所」のデータに基づく推計値

出典：大分県宇佐市人口ビジョン（2015 年 10 月）

域の産業振興を考える際に、一九五〇年代から六〇年代の在来産業をそのまま復活させるのは無理がある。国際環境や国内環境が、一九五〇年代や六〇年代とは変わってしまったからだ。

「昭和ひとけた世代」と「戦後生まれ世代」

これまで述べてきたように、地域社会というものは、それ単独で自給自足しているわけではない。ある地域が栄えたのは、その時期の環境において、その地域が他から必要とされていたからである。

そもそも自給自足に近い社会は、人口を増やせない。資源を乱獲し

たり、過剰耕作で土地を荒らしたりすることを避けるには、人口を一定に保つ必要があるからだ。そのため、たとえ生まれる子どもの数が多くとも、成人する人数は限られていた。

地域の人口が増えるためには、自給自足に近い状態から脱しなければならない。具体的には、機械・肥料・新品種・水利整備などを導入することで商品作物や鉱産物などを増産し、市場で販売して、より多くの人口を養える食料と交換する。あるいは、過剰な人口を外部に労働力として出し、他の土地で労働者になってもらうか、新しい土地を開拓させるかして、その地域に送金することである。いずれにせよ、人口が増えるのは、近代化の過程で外部との関係が増大するときだ。

人口学では、近代化の過程において、人口転換（demographic transition）とよばれる現象が知られる。まず「多産多死」の状態があり、多くの子どもが生まれても、栄養状態や衛生事情などのため成人する人数は限られる。次に、生まれる子どもの数は多いが、ほぼ全員が成人する「多産少死」が一時的に発生する。その次の段階になると、産児制限の普及や教育コストの増大などのため、生まれる子どもの数そのものが少なくなって「少産少死」となる。

つまり近代化の過程では、一時的に、人口が多い世代が発生する。日本では明治以降に人口転換に入っていったが、それでも一九二〇年代後半の時点では、平均寿命はわずか四六・五年で、一〇歳まで生存する女児は八割に満たなかった。青壮年や中高年の死亡率も高く、五〇歳代半ばで生存者は約半数に減っていた。つまり六〇歳まで生きる人は、二人に一人もいなかっ

た。(7)

生まれた子どもがほぼすべて成人するようになるのは、一九二六年以降に生まれた「昭和ひとけた世代」以降と考えられる。この世代のあと、戦争による徴兵や労働力不足、農業生産の停滞などによって、人口が少ない世代が一時的に発生する。そのあと、ふたたび成人する人口が多い世代が「戦後生まれ世代」で発生した。

つまり日本においては、一九二〇年代後半から一九四〇年代が、「多産少死」がピークとなった時代だった。ただし、中間に戦争があったことでこの時期が二つに分断され、「昭和ひとけた世代」と「戦後生まれ世代」の多さが目立つ形になったといえる。

前述の山下祐介は、この「昭和ひとけた世代」と「戦後生まれ世代」の二つの世代の人口移動が、現代の「超高齢地域」を論じるにあたり重要だとしている。(8) 人口が多い「昭和ひとけた世代」と「戦後生まれ世代」が、ともに地域にいたのが敗戦から一九五〇年代だった。少なからぬ地域にとって、この時期が人口のピークとなった。そしてこの時期は、鉱産物や農産物を市場に売ることによって、地方集落が多くの人口を養える富を手にしていた時期でもあった。

その後の一九六〇年代には、図5からわかるように、「民族の大移動」とよばれたほどの人口移動がおきた。工業化していく地域とそうでない地域の格差が拡大し、成人した「戦後生まれ世代」が都市部に出て、高度成長期の労働力となったのである。それに対し「昭和ひとけた世代」は地域に残り、機械化されて人手がかからなくなった農業を続けた。地方の「過疎」が問

図5　三大都市圏・地方圏の人口移動の推移

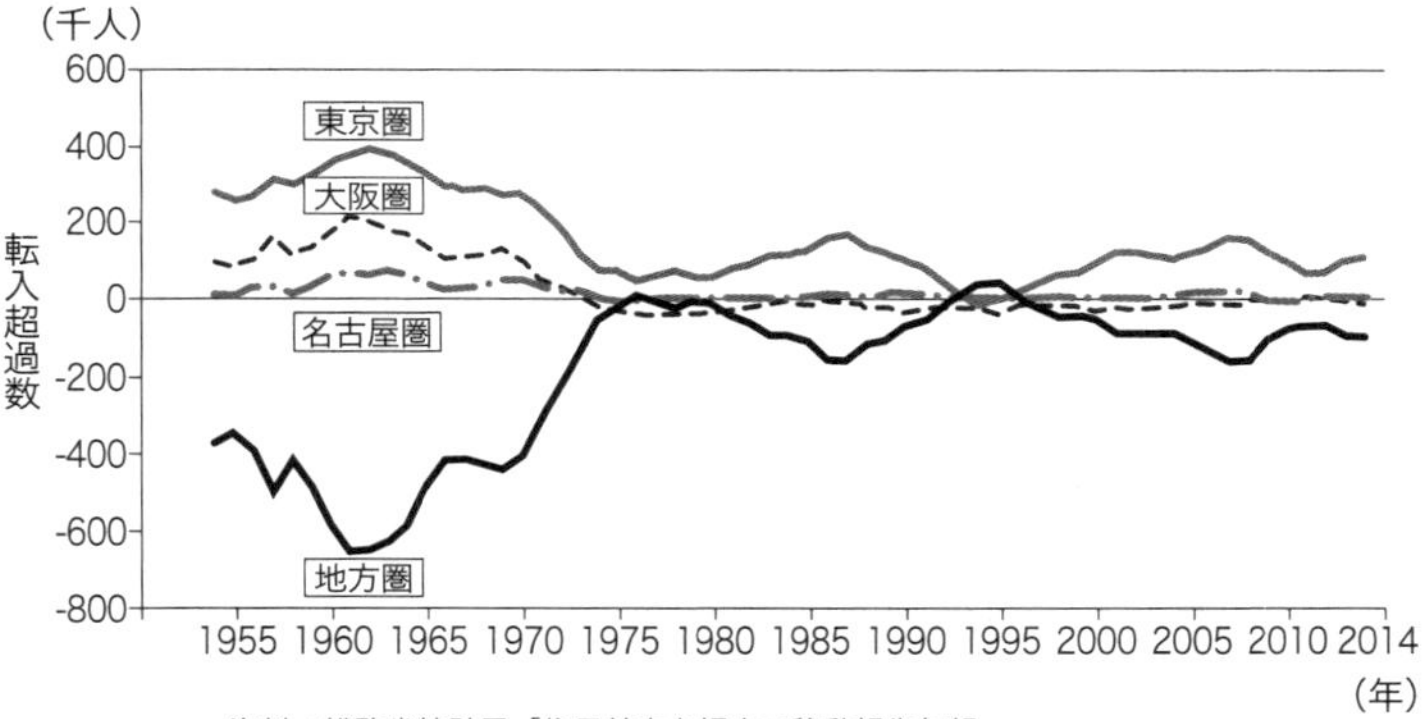

資料：総務省統計局「住民基本台帳人口移動報告年報」
注：東京圏：埼玉県、千葉県、東京都、神奈川県
　　名古屋圏：岐阜県、愛知県、三重県
　　大阪圏：京都府、大阪府、兵庫県、奈良県
　　地方圏：三大都市圏（東京圏、大阪圏、名古屋圏）以外の地域

出典：平成27年度版厚生労働白書

題になったのは、この時期である。

しかし一九七〇年代になると都市部への人口移動が急激に減少し、一九七三年の石油ショックとともに高度成長が終わった。一九七〇年代後半には不況対策で公共事業が数多く行われるとともに、いちど都市部に出た世代のなかにUターンする人々が出て、彼らの子どもが地域で生まれていった。

社会学者の橋本健二は、一九七〇年代半ばが、日本社会がもっとも格差の少ない時代だったと位置づけている。階級・学歴・地域・企業規模など、各種の指標における経済格差は、この時期が最小だった。一九六〇年代には拡大して

図6　総人口推移と将来推計（宮城県気仙沼市）

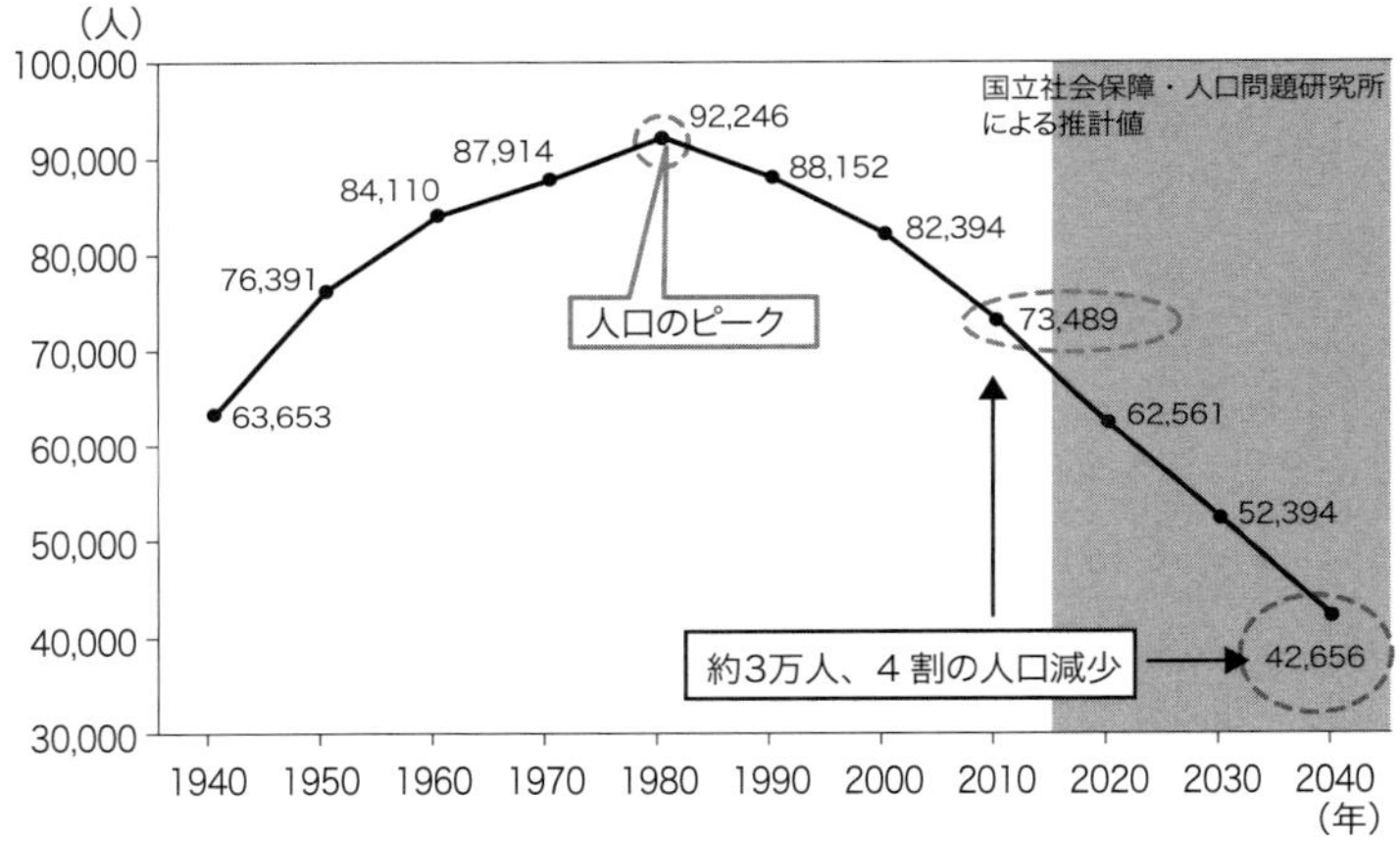

資料：2010 年までは国勢調査（旧唐桑町、旧本吉町の統計値を含む）、
2020 年以降は国立社会保障・人口問題研究所の推計値
国勢調査報告書（平成 22 年 10 月 1 日現在）の男女・年齢別人口を基準とし、
人口動態率や移動率などの仮定値をあてはめて推計

出典：気仙沼市まち・ひと・しごと創生「人口ビジョン」「総合戦略」（平成 28 年 3 月版）

いた地域間賃金格差も縮小し、もっとも平均賃金が低い県でも東京の六七％にまで改善された[9]。

一九七〇年代後半から八〇年代前半は、地方から都市への人口移動が少なかった時期でもあり、「地方の時代」といった言葉が流行した。広域経済のつながりのなかで、産品供給基地として生き残ることをめざした「一村一品運動」なども注目された。地方都市などでは、図6にみられるように一九八〇年ごろが人口のピークだった地域もある。

六〇年代から八〇年代は、産業の誘致が行われた地域が多かった。多くの場合、企業はその地域の土地や水資源、低廉な労働力などを求めていた。

とはいえその成功率は、期待されたほど高くはなかった。一九七七年の三全総（第三次全国総合開発計画）などで産業開発の拠点に指定された二〇地域のうち、工業出荷額・工業従業者数・人口などの点で目標値の五〇％をクリアした地域は二つだけだった。この数は、一九六二年の全国総合開発計画で指定された一五か所の新産業都市のうち、成功と評価しうる地域数とほぼ同じだったとされている。[10] つまり、こうした開発計画の成功率は一割ほどだったともいえるだろう。

しかも一九八五年のプラザ合意によって円が上がると、地域の産業は衰退した。地方の賃金が都市部より安かったとしても、円が上がれば国際競争力は下がる。冷戦の終わりとアジアの民主化により、アジア諸国の政情が安定して教育程度が向上してくると、日本企業はそれらの地域に直接投資する傾向が強まり、日本の地方に製造拠点を置いておく必要が薄れた。

地方から三大都市圏、とくに東京圏への移動がふたたび強まったのは、図5でみられるように一九八〇年代後半である。それでもバブルが崩壊すると、都市部への人口移動はふたたび一段落した。九〇年代には不況対策で公共事業も多かった。

しかし二〇〇〇年代に公共事業が減少し、さらに地域に残っていた「昭和ひとけた世代」が七〇代から八〇代になってくると、地方の高齢化と人口減少がふたたび問題として注目されるようになった。地方の過疎化と高齢化がふたたび注目され、地域振興としての「B級グルメ」

や「ゆるきゃら」が盛んに作られるようになったのも、この時期からである。

現在の「超高齢集落」には、高度成長期に集落に残った「昭和ひとけた世代」の高齢者たちが多い。その次に多いのが、一九七〇〜八〇年代にUターンした「戦後生まれ世代」の熟年者たちである。こうした人口構成は、日本の人口転換と人口移動の歴史を反映したものと考えることができる。

「地域振興」の目標とは

このような前提に立つならば、地域振興はどのように可能なのかもみえてくる。

まず、「かつての賑わいを取り戻す」という発想には限界がある。こうした発想では、その地域のピーク時と比較して、どれだけ人口が減ったか、賑わいが減ったかが述べられがちだ。

しかしこれまで述べてきたように、地域社会とは、それ単独で人口が増えたり減ったりしているのではない。日本社会あるいは国際社会の「ヒト・モノ・カネ」の流れの変動のなかで、ある地域に富や人口が集まっていた時期があった、というのが実情である。過去の社会条件を再現するのが不可能である以上、「かつての賑わいを取り戻す」ことも非現実的だ。イベントなどで一時的に人を集めても、それを契機に社会全体の流れが変わるのでもなければ、期待するような効果はあがらない。

では、地域振興の目標は、どんなものであればよいか。これについては、基本的には地域住民が決めるしかない。しかしあえて示唆を述べるならば、「他から必要とされる地域」および「持続可能で人権が守られる地域」という目標の立て方がありうると思う。

まず、「他から必要とされる地域」について述べる。これまでみてきたように、地域社会は、他の地域社会から必要とされることによって繁栄する。農産物や原材料を出荷することも、景色や文化遺産を鑑賞してもらうことも、他から必要とされることの一つの形態だ。産業の誘致もまた、その地域の土地や水、低廉な労働力などが、企業から求められた結果であることが多かった。

産業振興を考える場合には、現在の国際環境や国内環境のもとで、必要とされる地域であるために何をしたらよいかを考えるしかない。そのためには、現在その地域にある資源を点検しなおし、それが外部から求められるような流れを作っていくしかないだろう。

たとえば観光業において、国内の団体客を相手にした宴会・短期宿泊型のビジネスモデルから、国外の個人客を相手にした長期滞在型のビジネスモデルへの転換が唱えられているのはその一例である。あるいは農業において、有機認証を得て付加価値をつけるとか、都市の消費者と直接取引するとか、海外輸出をめざすといったことも、こうした範疇に入るだろう。

こうしたことはコンセプトだけ述べれば、よく言われていることである。そして同じ地域が二つとない以上、他の地域で成功したモデルを模倣しても成功しないことが多い。その地域に何があるのか、現在の交通や情報の環境のなかでその地域がどこに位置しているかを踏まえ、環境の変化に即したモデルをそれぞれ構想するしかないだろう。

その結果によって、宿泊数や出荷額が増えたとしても、それは「回復」とよぶべきではない。なぜなら、古い時代のあり方で復調したわけではないからだ。世界全体の流れのなかで地域社会でのあり方を再編成し、以前とは違う位置を獲得することによって成功したのならば、それは「回復」とよぶべきではないことは明らかである。

地域として認知を得ることを目的とするなら、地域としてのアイデンティティないし集合意識が存在することは重要である。物産や産業をブランド化したり、街なみを整備して観光客をひきつけるには、地域にまとまり意識がないとむずかしい。それがない場合、特定の企業や特定の個人が評価されても、その地域社会を盛り立てることにはつながりにくい。

序論でも述べたように、市区町村は行政や政治の単位であって、地域社会の単位ではない。しかし本書でとりあげた事例でもわかるが、行政や政治の単位と、経済や生活の単位が一致している地域のほうが好循環を作りやすい。逆に、地域として自信を喪失し、住民が一体感を失っていると、その地域は一つの地域である状態から、他の地域の広域経済圏の周辺部に変化していく。

その意味では、地域振興の試みが、地域の自信回復から着手されるのは正当である。イベントや「ゆるキャラ」は、その地域の住民が共同してそれを盛りあげ、その地域の集合意識を作りあげるテコとして使われるなら、有効なツールになりうるといえるだろう。イベントそのものに効果があるというよりも、イベントの過程を通じて住民の行動様式や意識が変化することのほうに効果があるのだ。地域住民が参加せず、行政がコンサルタントに丸投げしているようなイベントは、一時の花火に終わる可能性が高い。

持続可能な地域

とはいえ産業の活性化は、成功するとは限らない。また、他から必要とされない地域は存在意義がない、というわけでもないだろう。そこで、地域振興のもう一つの目標である「持続可能で人権が守られる地域」が重要になる。

そもそも、地域社会は何のためにあるのか。地域社会は、他の地域社会に必要とされることで富を得るが、そのことが地域社会の存在意義のすべてではない。また、その地域の域内GDPや人口、税収などを増やすために存在しているわけでもないだろう。地域社会の最大の存在意義は、その地域に生きている人々の幸福や人権が、持続的に守られることであるはずだ。

とはいえ、たとえば五万人の人口を前提とした行政や社会のあり方は、二万人になったら持続できない。そうなれば、行政サービスや相互扶助が維持できず、人権が守られなくなる場合が出てくるだろう。

つまり、問題なのは地域の人口減少そのものではない。人口が減ることで地域社会が持続不可能になったり、住民の人権が守られなくなったりすることが問題なのだ。人口が減少しても、減った人数で持続可能な社会に移行し、住んでいる人々の人権が守られていればよいという考え方もできるはずである。

じつは、現在の過疎地は「困っていない」ともいわれる。山下祐介は、津軽半島の人口約八〇人、うち六五歳以上が七〇%を超える集落で、町会長にこう言われたという[11]。「ずいぶんと、ここには記者さんが来ました。困ったことはないかと聞かれる。いちばん困るのは困ったことがないことです」

また群馬県南牧村で生まれ育った三五歳の役場職員は、新聞の取材にこう答えたという。「メディアのみなさんはよく、何が不便かと聞いてくるんですが」「はっきり言って、とくに不便はありません。買い物はインターネットでするし、近隣の自治体で多くのことがすませられます[12]」。村に残っている商店は二軒だが、移住者の一人は「日常の買い物は移動販売車もあるし、生協と契約すれば宅配もしてくれるので、あまり不自由を感じません」と述べていた[13]。

もちろん、村にかつての活気はない。だが持ち家があり、周囲の相互扶助があり、自治体関係や年金などで一定の収入があれば、「困る」ということはないともいえる。

とはいえ南牧村をとりあげた二〇一九年の新聞記事は、「住民からは、困りごととか、不便さとか、そういう不満を聴くことはあまりなかった」ものの、「将来への不安をたくさん耳にした」と記している。その不安とは、「インフラや財政が成り立たなくなるのではないか。村で生きていけなくなるのではないか」といったものだった[14]。

つまり問題はこうだ。インフラや財政をふくめた地域の持続可能性が確保され、地域で「健康で文化的な生活」が維持できるなら、活気がなくても「困る」ということはない。地域の目標は、まずこの点の確保に置かれるべきである。

そのためには、どうするべきか。

まず、人口の構成を適正にすることだ。人口減少そのものは問題とはいえないにしても、人口構成のバランスが崩れ、高齢者ばかりになることは問題である。ケアを要する高齢者の割合が著しく多く、それに比して生産年齢人口が少なく、子どもがいない状態の社会は、持続させることがむずかしい。

それを改善するには、移住者の呼びこみは一つの手段である。ただし、必ずしも人数が多い必要はない。本書七三頁でとりあげたように、群馬県南牧村の長谷川最定《さいじょう》村長が「移住で人口が増えるなんて夢物語は考えていない」と言い切り、人口が現在の半分になることを前提に、「七〇〇～八〇〇人くらいの人口でバランスのとれた状態を作れる。人口が少ないから、若い世代が毎年数世帯ずつ移住してくれれば、一五年後の高齢化率を五〇％以下にできる」と述べていたのは印象的だった。

つぎに、地域社会の持続には、インフラの維持が欠かせない。じつはインターネットや近隣自治体で買い物をしていたら、村内ではお金はまわらず、店はさらに減っていく。南牧村の長谷川村長は、「村に商店や床屋がゼロになったら、たとえば三〇〇〇円の散髪のために、一万五〇〇〇円のタクシー代をかけて村外に行かなくてはならなくなる。これでは住み続けられない。村として支援してでも、移住者には農業や自営業をどんどんやってもらいたい」とも述べていた。

これらのためには、若い世代や移住者の雇用確保が重要だ。これについては、長谷川氏は「山がちで広い土地もないから、企業は誘致できない。まずは行政がやっていた仕事をＮＰＯに委託して、雇用を増やしていく」と述べていた。人口が少ない地域では、自営業だけでは生活が成り立たないことも多い。その部分は、自治体およびＮＰＯが提供する、広い意味での公務関係の雇用でカバーしていく方向がありうるだろう。

また医療や教育も、地域によっては利益ベースでは成り立たない。これも、何らかのかたちで自治体が提供していくしかないだろう。

そのような地域はコストがかかるだけで不要ではないか、という意見もありうる。南牧村の長谷川村長も、「九〇〇人という人口規模で自治体が機能するのかと問われれば、非常に厳しいと言わざるをえない」とは述べている。(15) 小規模の自治体の維持を保証するか否かは、日本社会が議論し合意しなければならない問題だろう。

とはいえ私見をいえば、「健康で文化的な生活」は人権の一部である。自治体は住民の人権を守るために存在するのであって、税収と支出の帳尻を合わせるために存在するのではない。また単純にコストだけからいっても、いま地域で健康に暮らしている高齢者を都市部に集約したら、心身に問題をきたし、かえって医療コストや社会的コストが増大しかねないだろう。ただし南牧村にかぎらず、各地の村に散在する集落のすべてを、住民の最後の一人がいなくなるまで維持するべきなのか、そのために道路や上下水道を整備し続けるか否かは、地域の合意の問題である。こうしたことは、広く議論されることが望まれる。

いずれにせよ、「地域振興」の目的は、自治体財政の改善や域内GDPの増大だけではない。その地域の人権を守り、人口バランスとインフラを維持して地域を持続させることも、目的として認められてよい。少なくとも地域によっては、そうした目標の立て方のほうが、「かつての賑わいを取り戻す」という目標の立て方よりも、現実的である地域はありうるのだ。

成功する移住者、うまくいかない移住者

これからの地域を考えるうえで、移住者の存在は重要である。まず『国土交通白書2015』の記述から、移住者について概観しよう。[16]

地方への移住者は、どのくらい存在するのか。国土交通省の調査によると、三大都市圏以外の地域の居住者のうち、出身の市町村以外に住んだことがない「定住者」が二三・四%、他の市町村に住んだことがある「Uターン者」が五四・五%で、これらが合計で七七・九%を占める。それに対し、出身地と居住地がちがう「I／Jターン者」が一四・三%、「自分・家族の転勤、家族の介護・看病、進学、避難等で、一時的にその地域に居住している状況の者」が七・

八％だった。「Ｉ／Ｊターン者」は、それなりの比率を占めていることがわかる。

また「利便性の高い都会暮らし」と「自然豊かな田舎暮らし」を二択してもらったところ、後者を選んだ人が四二・九％だった。内閣府が実施した世論調査でも、都市住民の農山漁村地域への定住願望は、二〇〇五年調査に比べ二〇一四年調査では増加している。

とはいえ二〇一四年の内閣府の同調査では、農山漁村地域への定住願望が「ある」「どちらかというとある」とした者のうち、すぐにでも定住したいと考える者は三〇代で四・〇％、四〇代で一・三％。五年以内に定住したい者をそれに合計しても、それぞれ一〇・〇％、五・三％だった。移住希望の多くは、将来の憧れにとどまっているといえよう。

また国交省の調査によれば、年間の減収が七五万円（月額約六万円）に達すると仮定した場合には、「田舎暮らし」志向が急減する。また地方移住といっても二つの潮流があり、二〇〜五〇代では地方都市への移住希望者のほうが過半数で、農山漁村地域への移住希望者の一五％前後よりずっと多い。年収などを考えた現実的な選択肢としては、農山漁村よりも地方都市への移住希望のほうが多いのが現状だが、農山漁村への移住希望者も一定数は存在するといえよう。

今回の調査でも、実際に移住した人々にさまざまな話を聞いた。そこから私なりに得た考えを、以下に述べていきたい。

今回の調査の範囲でいえば、移住者が移住先を選んだ理由は、なかば偶然であることが多かった。本文中の記述からもわかるように、災害支援でその地域と縁ができた、「地域おこし協力隊」で配属された、たまたま行った移住説明会がその地域自治体の主催だった、旅行その他でその地域に縁があった、その土地の住民や移住者と結婚した、などといった理由が語られていた。

なかには、南牧村で自然農園を営んでいた五十嵐亮氏のように、広く関東近県の候補地を検討したうえで、自分がやりたい農法に適した土地を選んだ人もいる。しかしこういう人は、どちらかといえば少数だった。

そのためもあろうか、多くの移住者は、その地域の特性を語ることは少ない印象をうけた。移住した地域の魅力を尋ねると、「自然がある」「人情がある」といった答えが多かった。とはいえ「自然」と「人情」があるのは、日本の地域社会に共通のことで、特定地域の特性とは言いがたい。これらの言葉は、彼らが移住前から「地方」に抱いていた期待を述べたものと考えたほうがよいのかもしれない。

とはいえ移住者が「自然」や「田舎暮らし」を期待しても、それが移住の現実とマッチしない場合もある。皮肉なことに、移住した地域で求められるのは、都市型のスキルであったりすることが少なくないからだ。

もちろん、移住先の地域住民に挨拶するとか、消防団や自治会の活動に参加するといったことも重要ではある。しかし概して移住先で歓迎されるのは、その地域で不足している資源を持っている人であるようだ。たとえば医者や弁護士、あるいは都市部の企業とネットワークを持っている人である。あるいは、経理、簿記、デザイン、販売企画、ウェブサイト構築、公的申請書類の書き方といったスキルを持っている人だ。

このため本文でも書いたように、移住者から「事務仕事をすることになるとは思わなかった」という声が出ることもある。なかには、「移住先で学習塾を開いたら、周囲の住民の評価が〝怪しい人〟から〝先生〟に昇格した」というエピソードも耳にした。

これはやむをえないことだ。人間が必要とされるのは、相手にないものをその人が持っているからである。このことは、栄える地域とは、他の地域から必要とされる地域であるという事実とも共通している。

今回の調査でも、地場産業をパッケージ化するスキルを持っていたり、農業の六次産業化の知識があったり、都市部の消費者とネットワークを持っていたりする移住者が、移住先の地域でポジションを築いている事例が多かった。有能で起業家精神に富み、都市部でも成功できただろうと思わせる人も少なくなかった。

とはいうものの、移住希望者が「田舎暮らし」や農林漁業、あるいは伝統産業などが好きであることは、重要な資質である。というのも、じつはそれこそが、その地域に欠けている資源であったりすることもあるからだ。

世の中は、自分の仕事が好きな人ばかりではない。家族が農家だったから農業をやっているが、その仕事が好きではなく、それほど農業に熱心でもない人がいても不思議ではない。また山村では、山は労働する場所だという観念があったため、山や森は好きではないという人もいる。

それを考えるならば、農業や漁業に熱心で、山や川が好きな移住者は、地域に欠けがちな資源を持っているともいえる。また移住者のほうが、その地域の人が自覚していない地域の魅力に気づくこともあろう。

その点でいえば、檜原村に移住した鈴木健太郎氏と青木亮輔氏の対比は興味深い。二人とも有能な人なのだが、「田舎暮らし」に対する姿勢は対照的だ。

鈴木氏は、ＩＴ系企業の勤務経験を活かし、リサーチと準備を重ねて檜原村に「へんぼり堂」を設立した。それに対し青木氏は、英語教材を売る仕事があわず、国の就業支援で檜原村にやってきたが、最初から明確なプランを持っていたわけではなかったようだ。

しかし鈴木氏は「田舎暮らし」が好きというわけではなく、檜原村に定住し続けることはなかった。一方で青木氏は、山で働くのが好きで、集落に定住して毎日山をランニングしていた。そうした意味では、「自然」や「人情」が好きであることは、移住にあたっての重要な資質であるといえるだろう。

もちろん移住にあたり、事前のリサーチは重要である。だが、たとえスキルを持って移住したとしても、「村にカフェを開いてみたが、村の人はお金を払ってカフェに行くという習慣があまりなかった」とか、「地域物産を流通させるためバーコードをつけてみたが、バーコードの登録費用が回収できるほどの生産をしていなかった」とか、それ以前のノウハウが通用しない場面はある。

総合的にいって、移住や起業にあたって重要なのは、「やってみなければわからない」というチャンレジ精神と、「それが好きだ」という愛着だ。その意味では、今回の調査でお会いした方々は、みなそうした資質を持っている人々だった。そのうえに、自分が持っている資源を把握し、相手から求められるニーズを調査しておけば、よりよいだろう。

考えてみるならば、これらは地域振興でも共通だ。チャレンジ精神と愛着をエネルギーとして、持っている資源と他からのニーズを把握し、目標を設定して精進すること。これらは文字にすれば平凡なことだが、地域振興においても移住においても、こうした平凡な真理は有効である。そのことを再確認して、本書の結論としておきたい。

註

1 山下祐介『限界集落の真実』（ちくま新書、二〇一二年）、四六―四七頁。
2 同前書　一二五―一二九頁。
3 金属資源開発調査企画グループ「我が国の銅の需給状況の歴史と変遷」（『金属資源レポート』三五巻三号、二〇〇五年）、一三一―一三三頁。
4 持田恵三「戦後米穀市場の特質」（『農業総合研究』第二六巻第三号、一九七二年）、七頁。
5 林野庁『森林・林業白書』平成二一年度版、http://www.rinya.maff.go.jp/j/kikaku/hakusyo/21hakusho/190411_11.html 二〇一九年四月一八日アクセス。
6 熱海市『熱海市の観光』平成二九年版、http://www.city.atami.lg.jp/_res/projects/default_project/_page_/001/001/296/kanko29.pdf、中原一歩「〈第二の夕張〉だった熱海　純喫茶やマルシェで再び賑わい」（『AERA dot.』二〇一九年一月九日）、https://dot.asahi.com/aera/2019010800055.html 二〇一九年二月一八日アクセス。
7 佐藤龍三郎・金子隆一「ポスト人口転換期の日本―その概念と指標」（『人口問題研究』七一巻二号、二〇一五年）、七六頁。
8 山下前掲『限界集落の真実』第5章。
9 橋本健二『格差の戦後史』（河出ブックス、二〇〇九年）、一四二頁。
10 本間義人『国土計画を考える』（中公新書、一九九九年）、一〇〇頁。
11 山下前掲『限界集落の真実』一二二頁。
12 「ひとが減り、いなくなる『消えゆく』南牧村の格闘」（『朝日新聞』二〇一九年一月一五日朝刊）。
13 庄司里紗「3人に2人が高齢者、群馬県南牧村から人が減った理由」二〇一七年六月六日配信、https://news.yahoo.

co.jp/feature/623　二〇一九年二月一八日アクセス。

14　前掲「ひとが減り、いなくなる『消えゆく』南牧村の格闘」。

15　庄司前掲「3人に2人が高齢者、群馬県南牧村から人が減った理由」。

16　国土交通省『国土交通白書2015〔平成26年度年次報告〕』第二章。http://www.mlit.go.jp/hakusyo/mlit/h26/hakusho/h27/pdf/np102100.pdf　二〇一九年二月一八日アクセス。

「地方」という言葉がある。それは暗黙のうちに、「中央」が対極にあることを前提とした言葉である。

こういう意味での「地方」を、たとえば英語に翻訳するのはむずかしい。「ローカルlocal」は、「地元」というニュアンスが大きい。以前に他国の日本研究者と話したときには、日本語の「地方」に適した訳は、「周辺periphery」ではないかという意見もあった。

しかしそのような「地方」は、「中央」からみたときだけ、一律に語れるにすぎない。あたりまえの話だが、実際に訪ねてみれば、それぞれの地域は事情がちがう。「中央」とみなされがちな東京都にも、高齢化に悩む地域は多い。

こうしたことは、いわば当然のことだ。だが往々にして、「中央」「地方」という固定観念、いわば色メガネは根強い。ありがちな「田舎暮らし」の夢では、「地方」は一律に自然にあふれ、人情に満ちているように描かれることがある。あるいは逆に、一律に貧しかったり、所得が低かったりするように描かれることもある。

私は従来から、そういう「地方」のイメージには懐疑的だった。農学部で学んだことがあるので、農林水産業が市場に生産物を出荷する近代産業の一つであること、特別に称賛したり卑下したりするような対象ではないことを、多少は知っていたことも影響しているかもしれない。

ただし「地方」という言葉が必要とされた経緯もわかる。日本では戦争のために、都市部の産業が壊滅し、人口配置と産業構成が変わらざるをえなかった。その歴史が、大都市以外の諸地域に、一定の傾向性をもたらしたことは事実だ。

そのような諸地域を一語で言い表すには、「地方」という言葉は便利である。いちいち「都市部以外の諸地域」と言い換えるのも煩雑だ。

とはいえ、「地方」という言葉を使うことで、みえなくなるものもある。それぞれの地域は、それぞれの地形、気候、土質、水質を持っている。産業構造、交通事情、周辺環境、政治構造なども異なる。それらの組み合わせからできている地域特性は、「地方」という一律の言葉のもとでは、みえなくなってしまう。

＊

しかし同時に、「地域はそれぞれ違う」というだけでは、その特性を理解することもできなくなる。

それぞれの地域は、地形や気候など特定の自然条件のもとで、人間が経済や政治などの営みを加えることでできあがっている。その営みの積み重ねを歴史とよび、それによって形成されてきたものを慣習や文化とよぶ。

それは複雑な多元方程式であり、一つとして同じものはない。だが、各要素に分解してその組成から考え直せば、ある程度まで理解することは可能だ。それは、この世に同じ物体が一つもないにしても、元素の組み合わせとして理解することができることに似ている。

このことは、他の国の地域も同様だ。私はいろいろな国に行き、いくつかの国では大都市ではない地域を訪れた。そして、本書でとったのと同じような視点で、その地域を理解しようと努めてきた。

現代の世界では、どこに行っても、地域は変動にさらされている。情報の移動、資金の移動、人の移動などが激しくなったからだ。どこの国でも、格差の拡大とあわせて、過疎化や高齢化の話を聞いた。フランスや台湾の過疎化や一極集中は、日本より深刻ではないかとさえ思う。だがそんななかでも、それぞれの地域は歴史のなかで作られた秩序を持っている。そして人びとは、そこでさまざまな試みを行っていた。

たとえばある旧東ドイツの農村は、周辺の村が過疎に苦しむ状況のなかで、再生可能エネルギーで村おこしをしていた。あるメキシコの村は、観光客の誘致に努める一方、教会と広場と墓地の配置に地理的秩序を保っていた。タイの地方都市では、バンコクからUターンした青年が、古い民家をカフェに改造していた。

こうした試みは、世界の各地で行われている。私の目には、本書で話を聞いた方々の活動も、こうした他国の試みと重なってみえた。

人間は国や言語がちがっても、それほど違わない。もちろん、気候がちがい、地形がちがい、積み重ねられてきた歴史がちがえば、結果としてできる慣習や文化も違ってくる。しかし、どれも人間が、与えられた条件のなかで作ってきたものだ。何が条件だったのか、どういう営為が重ねられてきたのかを知れば、理解できる部分は多い。

もちろん、全部が理解できると称するほど、私も愚かではない。そもそも、多くの人の多年の積み重ねを、すべて理解できるはずもない。しかし、理解しようと努力することはできる。その理解がまちがっていれば、指摘してもらって正せばよい。理解しようとすることは、何よりもまず、相手と対話することの第一歩だからだ。

＊

日本の地域コミュニティは、これまで社会を支える基盤となってきた。地域の安定性に頼ることで、これまで日本は、公務員数や公共サービスを少なくできていた。

日本の地域社会を訪れると、自治会や町内会、消防団、商店会などが、大きな役割を果たしていることがわかる。たとえば災害があったとき、必要な支援物資の数量を申請し、届いた物資を配布するのは自治会長の仕事だ。再開発や公共施設整備などの合意をまとめたりするうえでも、地方自治体は、自治会長や商店会長を頼りにしていた。彼らは地域社会のネットワークによって、行政職員の仕事をカバーしてきたのだ。

これはこれで問題もあり、政治家や行政との癒着などが生じた例も少なくない。とはいえ、こうした組織が地域社会を安定させ、行政職員が少なくてもやっていける状態を作っていた。自治会長や民生委員の仕事を、すべて自治体職員がやっていたら、いまの二倍以上の職員が必要だったろう。

先進国のなかでは、日本は公務員が少ないことで知られる。人口千人あたりの公務員数は、ざっとフランスの三分の一、アメリカの四割、イギリスの半分ほどだ。日本は、他の先進国では有給公務員がやっている仕事を、自治会長や民生委員などにまかせてきたのだ、といえるかもしれない。

つまり日本は、地域社会の安定性に依存しながら、安上がりな国家を築いてきたのだ。政府支出の面からみた費用対効果という観点からいえば、効率のよい国家だったかもしれない。

しかしそうした前提は、いまは維持がむずかしくなっている。地域を訪れてみれば、それは一目瞭然だ。自治会長は高齢化し、彼が状況を把握できる地域住民も高齢者に限られつつある。近年の災害被災地では、高齢の自治会長が届いた避難物資を配りきることができず、過労で倒れたという話も耳にした。

ほんらいなら、自治体職員がそれをカバーすべきなのだが、町村合併でかえって職員は減少している。地域社会の安定のうえに、いわば安住してきた日本社会は、これから質的な転換を迫られるだろう。新しい担い手が育ってこないかぎり、地域社会の持続、ひいては日本社会全体の持続も危ぶまれる。

本書でお会いした方々は、こうした転換の時期にあって、さまざまな活動をしている人々である。地域によって状況がちがい、活動もちがっていたが、グローバル化のなかで転換点にある日本社会の課題にむきあっている点では共通していた。

こうした人々は、今後の日本社会を持続させるうえで、至宝というべき存在である。いささか大げさに聞こえるかもしれないが、現状の課題の大きさを考えれば、そう形容するほかない。もちろん彼らそれぞれの限界も目に入ったが、基本的には、私としては応援したい気持ちがあった。本書の記述が、彼らの限界を指摘することよりも、評価する傾向が強いものであるのは、そのためもある。

序論にも記したように、たくさんの人に多くのお話をうかがいながら、そのすべてを書ききることはできなかった。彼らに教えていただいたことの多さに比して、私が書いたアウトプットはわずかなものだ。だが本書を読んだ人々が、こうした人々の営みを知り、またご自身の糧にしていただけるのであれば、これにまさることはない。

この企画でお会いした方々すべてに、深く感謝を申し上げたい。

二〇一九年五月八日　　　小熊英二

［初出一覧］

序論　地域を知るための視点　書き下ろし

地域をまわって

01　福井県鯖江市「八〇〇を超える町工場が新しい風を育む」「TURNS」Vol.25（第一プログレス）二〇一七年一〇月号

02　東京都檜原村「『夢』や『理想』がなければ人は変化に耐えられない」「TURNS」Vol.26（第一プログレス）二〇一七年一二月号

03　群馬県南牧村「夢物語から現実へ」「TURNS」Vol.27（第一プログレス）二〇一八年二月号

04　静岡県熱海市「原点と経験」「TURNS」Vol.28（第一プログレス）二〇一八年四月号

05　宮城県石巻市（前編）「『災害ユートピア』のあとで」「TURNS」Vol.29（第一プログレス）二〇一八年六月号

宮城県石巻市（後編）「災害が開いた扉」「TURNS」Vol.30（第一プログレス）二〇一八年八月号

06　東京都板橋区高島平団地「移住者が作り続ける町」書き下ろし

結論　戦後日本における地域　書き下ろし

小熊英二（おぐま・えいじ）

1962年生まれ。歴史社会学者。慶應義塾大学総合政策学部教授。東京大学農学部卒業後、出版社勤務を経て、東京大学大学院総合文化研究科博士課程修了。著書に『単一民族神話の起源――〈日本人〉の自画像の系譜』（新曜社・サントリー学芸賞）、『〈民主〉と〈愛国〉――戦後日本ナショナリズムと公共性』（新曜社・大佛次郎論壇賞、毎日出版文化賞）、『社会を変えるには』（講談社現代新書・新書大賞）、『生きて帰ってきた男』（岩波新書・小林秀雄賞）、『私たちの国で起きていること 朝日新聞時評集』（朝日新書）ほか多数。

［DTP］ 谷 敦（アーティザンカンパニー株式会社）
［地図・図版制作］ 株式会社日本グラフィックス
［撮影］ 倉橋一気（鯖江市）・柳 大輔（檜原村・南牧村・高島平団地）
河野 豊（熱海市）・古里裕美（石巻市）
［編集］ 篠宮奈々子・古谷玲子・田中晶子（株式会社デコ）
山本浩史（東京書籍）
［装幀・ブックデザイン］ 山田和寛（nipponia）

地域《ちいき》をまわって考《かんが》えたこと

2019年6月15日 第1刷発行
2019年8月16日 第2刷発行

著 者 小熊英二《おぐまえいじ》
発行者 千石雅仁
発行所 東京書籍株式会社
〒114-8524 東京都北区堀船2-17-1
電話 03-5390-7531（営業）
03-5390-7508（編集）
印刷・製本 図書印刷株式会社

ISBN978-4-487-81220-2 C0095